Thomas Jeier

ROBERT REDFORD

Superstar und Filmemacher

Originalausgabe

WILHELM HEYNE VERLAG
MÜNCHEN

HEYNE FILMBIBLIOTHEK
NR. 32/205

Redaktion: Dr. Ulrich Berls

7., aktualisierte Auflage 1998

Copyright © 1984 by Wilhelm Heyne Verlag GmbH & Co. KG und Autor, München
Umschlagvorderseite: Kinoarchiv Hamburg und action press/Online, Hamburg
Rückseitenfoto: action press/Elliott Marks/Hosain und action press/Online, Hamburg
Innenfotos: Archiv des Autors; Bildarchiv Engelmeier, München;
Archiv Lothar Just, München; Kinoarchiv Hamburg;
Archiv Dr. Karkosch, Gilching; Warner Columbia, München
Umschlaggestaltung: Atelier Ingrid Schütz, München
Printed in Germany 1998
Herstellung: H + G Lidl, München
Satz: Fotosatz Völkl, Puchheim
Druck und Verarbeitung: Ebner Ulm

ISBN 3-453-07928-0

Inhalt

Robert Redford:
»Freiheit ist wichtig«
6

Robert Redford:
»Freiheit ist wichtig!«

In einem Exklusivinterview, das Thomas Jeier im August 1998 mit Robert Redford führte, berichtet der Schauspieler über *The Horse Whisperer* (Der Pferdeflüsterer), *The Electric Horseman* (Der elektrische Reiter), *Tell Them Willie Boy Is Here* (Blutige Spur), *Butch Cassidy and the Sundance Kid* (Zwei Banditen), den Mythos des Western, die Bedrohung des amerikanischen Westens und die Situation der Indianer.

Robert Redford privat – ein Schauspieler ohne Starallüren.

Sie haben die Rechte an Der Pferdeflüsterer *erworben, als der Roman erst zur Hälfte geschrieben war. Was hat Sie an diesem Stoff gereizt?*

In dem Roman waren Elemente, die mich als Regisseur herausforderten. Mich begeisterten die unterhaltsame Story, die spannend und schlüssig erzählt war, und die starken Charaktere, die in einer Konfliktsituation aufeinandertreffen. Das alles spielte sich vor einer Kulisse und einer Landschaft ab, die mir nicht nur vertraut ist, sondern der ich leidenschaftlich verbunden bin: dem amerikanischen Westen. Die Story, die in New York beginnt und in Montana endet, faszinierte mich doppelt, weil ich auch in New York wohne und einen beträchtlichen Teil meines Lebens dort verbracht habe. Ich besitze dort eine Wohnung und habe Kinder in dieser Umgebung großgezogen. Ich kenne New York und fühlte mich durch das Aufeinanderprallen zweier Kulturen angesprochen, der hektischen Lebensweise des amerikanischen Ostens und der Freiheit im amerikanischen Westen. Mein Herz schlägt für den Westen, weil ich von dort komme, aber ich lebe auch gern in New York. Ich mag beide Lebensweisen, und die wurden in der Story glaubhaft rübergebracht. Außerdem ist Tom Booker ein interessanter Charakter, den ich gerne gespielt habe.

Fühlen Sie sich mit Tom Booker, dem einsamen Cowboy und Pferdeflüsterer aus dem gleichnamigen Film, verwandt? Gibt es Charakterzüge des Cowboys, die man auch bei Ihnen findet?

Das kann ich nicht genau sagen, aber natürlich habe ich einiges von ihm. Ich bin nicht derselbe Mann. Tom Booker ist ein Einzelgänger, lebt abseits von der Zivilisation auf einer Ranch in Montana. Er ist tief in seiner Heimat verwurzelt. Er repräsentiert den amerikanischen Westen, und obwohl ich den Westen liebe und teilweise dort lebe, bin ich kein reiner Westerner. Ich bin in einer Umgebung groß geworden, die ganz anders ist, einen Tom Booker kann ich mir in Hollywood nur schwer vorstellen. Auch in New York wäre er ein Fremder. Schon diese Unterschiede trennen mich von Tom Booker. Aber ich besitze Pferde, arbeite mit Pferden, lebe auf einer Ranch in den Bergen des amerikanischen Westens, die ich schon seit einiger Zeit besitze, und ich bin gerade in den letzten Jahren sehr oft in der Natur gewesen. Ich fühle mich der Natur sehr verbunden, und ich liebe Tiere, deshalb kann ich mich gut in Tom Booker hineinversetzen. Ich verstehe Tom Booker, weil ich den amerikanischen Westen liebe.

In einigen Ihrer Filme – auch in The Horse Whisperer *– scheint die Landschaft mehr darzustellen als bloße Kulisse. Ist das Land selbst ein wesentlicher Bestandteil dieser Filme? Ist es genauso wichtig wie manche Charaktere oder noch wichtiger?*

Das Land spielt eine große Rolle, gerade der amerikanische Westen, der zu den sterbenden Paradiesen unserer Erde gehört. Ich empfinde es als Tragik, daß der Westen bedroht ist. Es scheint nur noch eine Frage der Zeit, bis der Westen verschwunden ist, zumindest der Westen, wie wir ihn gekannt haben. Oder wie ihn Naturliebhaber, auch die Europäer, gern bewahrt hätten, auf idealistische und mystische Weise. Der Prozeß ist nicht aufzuhalten, es geht alles viel zu schnell, und wenn ich mir einbilde, ein akkurates Bild des amerikanischen Westens in meinen Filmen zu zeigen, bilde ich vielleicht schon Geschichte ab. Das ist sehr traurig. Die Bedrohung des Westens besteht schon seit mehr als hundert Jahren, dieses ganze Gerede von der letzten »Frontier« oder einer »New Frontier« ist selbst schon ein Mythos, weil es keine Besiedlungsgrenze mehr in Amerika gibt. Es gibt keine Grenze mehr, nicht mal in einem wilden Land wie Alaska. Der schnelle Tod des amerikanischen Westens erscheint mir genauso unvermeidbar

Robert Redford liebt den amerikanischen Westen und kämpft gegen dessen Zerstörung.

Robert Redford: »Der Westen, den ich in meinen Filmen zeige, ist vielleicht schon Geschichte.«

wie ein geologischer Prozeß, wie Wind und Wetter, die einen Felsen aushöhlen, oder wie die Eismassen eines Gletschers, die von einem Berg rutschen und das Land umpflügen. Nur geht es diesmal schneller. Der Bergbau hat nichts mehr damit zu tun, die neuen Schurken sind die Grundstücksmakler. Indem sie das Land erschließen, in kleine Parzellen aufteilen und verkaufen, zerstören sie den Westen. Niemand kann diese Geschäfte kontrollieren, weil es wieder mal um Geld und Profit geht, und die Politiker stecken bis zum Hals in diesen Geschäften drin. Es gibt nicht viel Hoffnung, man kann diesen Prozeß nicht aufhalten.

10

Sehnen sich die Amerikaner nach einer neuen Besiedlungs-grenze? Verlagern sie ihre Hoffnungen vielleicht in eine mythische Landschaft?

Sie sehnen sich nach einer mythischen Besiedlungsgrenze in einer mythischen Landschaft. (lacht) Nein, es gibt keine Frontier mehr, höchstens in einer weitentfernten Galaxie.

1979 entstand Ihr Film The Electric Horseman *(Der elektrische Reiter). Auch dort geht es um ein Pferd, das schwere Verletzungen erleidet. Gibt es noch andere Parallelen?*

In beiden Filmen geht es um die Freiheit. Die Erlösung der jungen Reiterin in *The Horse Whisperer* ähnelt dem Prozeß, den der elektrische Reiter durchmacht, als er seinen Job und viel Geld im Stich läßt, um sein krankes Pferd in die Freiheit zurückzuführen. Auch die Rollen der beiden Frauen sind ähnlich gelagert. Beide kommen aus einer städtischen Umgebung und verkörpern einen starken und selbstbewußten Frauentyp aus ähnlich gelagerten Branchen, dem Journalismus und der Werbung. In beiden Filmen habe ich einen Mann gespielt, der eine Beziehung zu einem Pferd aufbaut, mit ihm spricht und mit ihm arbeitet und das Tier versteht. Aber es gibt auch einen großen Unterschied: *The Electric Horseman* war ein leichter Unterhaltungsfilm. *The Horse Whisperer* ist ernsthafter, geht mehr in die Tiefe.

Ich habe noch eine Gemeinsamkeit entdeckt: In beiden Filmen spielt Country Music eine große Rolle. Mögen Sie diese Musik?

Es gibt einen Unterschied zwischen Country Music und Western Music, das wissen viele Menschen nicht. Die Musiker kennen diesen Unterschied natürlich. Country Music ist kommerziell, unterscheidet sich kaum noch von modernem Pop. Ich mag Country Music. Jazz und klassische Musik gefallen mir besser, aber ich mag Country Music. Western Music interessiert mich noch mehr, aber eher als etwas, das aus dem Museum kommt. Western Music ist eine sehr organische Musik, hat unmittelbar mit dem Land zu tun, deshalb habe ich sie im Soundtrack von *The Horse Whisperer* eingesetzt. Sie ist voller Poesie. Manche Lieder sind vertonte Gedichte, in manchen Songs finde ich die humorvollen Unterhaltungen von Cowboys wieder. Western Music ist ein Spiegelbild des wahren Westens, moderne Country Music ist das nicht.

Sie sind ein leidenschaftlicher Reiter und züchten Ihre eigenen Pferde auf Ihrer eigenen Ranch. Gibt es irgend etwas, das Sie von Tom Booker, dem Pferdeflüsterer, gelernt haben?

Nein, ich habe kaum etwas vom Pferdeflüsterer gelernt, weil ich schon sehr viel über Pferde weiß. Ich habe mich immer für Pferde interessiert, habe schon vor vielen Jahren von der Technik gehört, die Tom Booker im Film anwendet. So etwas haben wir selbst schon auf unserer Ranch gemacht, obwohl wir natürlich nicht die Erfahrung eines Tom Booker haben. Ich arbeite seit beinahe dreißig Jahren mit Pferden. Aber Buck Brannaman, unserem technischen Berater, habe ich einige Kniffe abgeschaut. Er ist ein erfahrener Cowboy aus Wyoming, der schon seit vielen Jahren als Pferdeflüsterer arbeitet. Ein sehr interessanter Mann.

Das Pferd wird oft als Symbol der Freiheit dargestellt, zum Beispiel in den Skulpturen der amerikanischen Bildhauerin Veryl Goodnight, die »The Day the Wall Came Down« geschaffen hat. Fünf Pferde durchbrechen die Berliner Mauer und symbolisieren das Volk, das für diese Freiheit gekämpft hat. Repräsentieren die Pferde in Filmen wie The Electric Horseman *oder* The Horse Whisperer *die Freiheit des amerikanischen Westens?*

Symbole der Freiheit sind sehr wichtig, weil die Freiheit wichtig ist. Veryl Goodnight ist eine sehr begabte und begnadete Künstlerin, und ich fand es erstaunlich, daß sie eine Skulptur wie »The Day the Wall Came Down« geschaffen hat. Sie war nie in Deutschland gewesen, verfolgte den Fall der Mauer im Fernsehen und war emotional so berührt, daß sie die Idee mit den Pferden entwickelte, die durch die Mauer galoppieren. Ein eindrucksvolles Symbol der Freiheit, denn es gibt kein Bild, das mehr Power entwickeln würde, kein stärkeres Symbol für die Freiheit als ein Pferd, das im vollen Galopp eine Mauer durchbricht. Vielleicht ein Flugzeug, das startet, oder ein Rennwagen, der über die Strecke braust, aber das sind Maschinen. Ein Pferd, das aus dem Stand losgaloppiert, nahezu explodiert, symbolisiert die Freiheit. Fünf Pferde, die eine Mauer zerstören und in alle Richtungen ausbrechen, stehen für das Gefühl, das die meisten Menschen empfunden haben müssen, die damals dabeigewesen sind und den Fall der Berliner Mauer beobachtet haben.

Filme wie The English Patient *und* The Horse Whisperer *haben großen Erfolg. Erinnert sich Hollywood daran, daß man auch mit ruhigen Filmen und guten Geschichten Erfolg haben kann?*

Ich weiß nicht recht, man braucht sich doch nur die Filme anzuschauen, die jeden Sommer herauskommen. Aber das liegt wohl daran, daß im Sommer immer Filme herausgebracht werden, die ein großes Publikum anlocken. Doch, ich glaube daran, daß wieder mehr dieser anderen Filme gedreht werden, weil sie Erfolg haben. Hollywood reagiert nur auf Erfolg, es geht allein um den Profit. Wenn ruhige Filme erfolgreich sind, werden noch viele andere gedreht. Wenn kein Geld reinkommt, werden sie nicht gedreht. In Hollywood dreht sich alles nur um das Geld.

The Horse Whisperer spielt im amerikanischen Westen. *Bedeutet das, daß wieder mehr Filme gedreht werden, die im Westen spielen, traditionelle Western und Filme wie* The Horse Whisperer?

Nicht mehr und nicht weniger. Es wird immer Western geben, sie sind eine klassische Kunstform des amerikanischen Kinos und reflektieren auch die Probleme der amerikanischen Gesellschaft. Sie werden immer gedreht. Wie ein Western gedreht wird, in welchem Genre er erscheint, das ändert sich ständig. Es gibt Komödien wie *City Slickers* und ernstere Filme wie *The Horse Whisperer*. Der Western gehört zur amerikanischen Mythologie, ist Teil der amerikanischen Landschaft und der amerikanischen Geschichte. Ich glaube, es wird immer Western geben. Alle Amerikaner lieben Western.

Bei der Verfilmung von The Horse Whisperer *haben Sie sich nicht sklavisch an die literarische Vorlage gehalten. Warum haben Sie grundlegende Änderungen vorgenommen?*

Zuerst einmal hätte ich den ganzen Stoff niemals in einem Film untergebracht. Mir blieb gar nichts anderes übrig, als einige Änderungen vorzunehmen. Während ich darüber nachdachte, wurde mir klar, daß ich keinen melodramatischen Film wollte. Er sollte ehrlich sein. Aber es ist nicht einfach, sich zu solchen Änderungen durchzuringen, man muß Opfer bringen und damit leben können. Aber im Buch waren die letzten Kapitel einfach zu voll und zu konfus. Ich wollte eine schlankere Story und einen ehrlicheren und komplizierteren Schluß, der mit Liebe zu tun hat.

Sie haben eine Hauptrolle in Tell Them Willie Boy Is Here *gespielt, einem der ersten Western, der sich auf die Seite der Indianer geschlagen hat. Haben Sie diese Sichtweise unterstützt?*

Ich habe dieses Projekt vorangetrieben, vor allem, weil es sich um eine wahre Geschichte handelt. Sie ist wirklich

Robert Redford: »Der Western ist ein Teil der amerikanischen Landschaft.«

passiert. Es ist wirklich erstaunlich, was damals in Amerika geschehen ist. Das Unrecht, das den Indianern zugefügt wurde, hat erschreckende Parallelen in der Behandlung der Juden im Zweiten Weltkrieg, der Chinesen im 19. Jahrhundert, der Mexikaner nach dem Krieg. Minderheiten sind immer schlecht behandelt worden. Amerika hat kein Recht, mit dem Finger auf Deutschland zu zeigen. Wir begehen selbst Unrecht. Man braucht sich nur anzusehen, wie der Süden die Schwarzen behandelt hat. Wie den Juden in Amerika begegnet wurde. Das Unrecht, das den Indianern zugefügt wurde, ist Teil einer ganzen Kampagne, die gegen Minderheiten in unserem Land gerichtet war und immer noch ist. Minderheiten haben weniger Rechte. Die Geschichte der Indianer geht mir sehr nahe: Zuerst hatten wir Angst vor ihnen, das war im 18. Jahrhundert. Also schlossen wir uns zusammen, um ihnen die Seele zu nehmen. Wir sperrten sie in Reservate. Aber damit schafften wir auch einen Teil der amerikanischen Seele beiseite. Wir behandelten die Indianer wie Schurken, weil sie eine willkommene Zielscheibe boten, sie waren die Bösen, und wir waren die Guten. Die gute Kavallerie und die guten Cowboys kämpften gegen die bösen Indianer. In den sechziger Jahren fand ein Umdenken statt, wir wurden durch die Revolution der amerikanischen Jugend geweckt. Wir erkannten, daß vieles, was über die Indianer berichtet wurde, blanker Unsinn war. Wir mißhandelten die Indianer. Wir machten sie zu unseren Feinden, weil wir dadurch Vorteile hatten. Dann stellten wir die Indianer auf ein Podest, die Jugend behängte sich mit Perlenketten und trug Mokassins. Wir verneigten uns vor der würdevollen Bedeutung der Indianer. Die Indianer wurden plötzlich verehrt, sogar Ralph Lauren verkaufte modische Jacken mit indianischen Mustern. Bis wir das Interesse an den Indianern verloren.

Jetzt melden sich indianische Künstler zu Wort. Es gibt indianische Autoren, Maler und Sänger – eine neue Entwicklung?

Es sieht ganz so aus. Ich beobachte das in Sundance, wo ich jedes Jahr ein Filmfestival veranstalte und mit dem Sundance Institute auch den Nachwuchs fördere. Wir haben schon seit vielen Jahren ein Native American Program, aber erst in letzter Zeit melden sich immer mehr indianische Filmemacher. Es gibt sehr talentierte Künstler. Zum erstenmal in der neuen amerikanischen Geschichte berichten Indianer über Indianer. Das sind sehr positive Ansätze.

Robert Redford: »Wir haben die Indianer unterdrückt und wie Schurken behandelt.«

Hollywood trug seinen Teil zur Unterdrückung der India-
ner bei, indem es z. B. den Indianer in Tell Them Willie
Boy Is Here *von einem Weißen spielen ließ. Waren Sie*
nicht dagegen?

Ich war dagegen und habe mich sehr dafür eingesetzt,
einen indianischen Schauspieler zu verpflichten. Ur-
sprünglich sollte ich sogar den Indianer spielen, so
schlimm stand es um Hollywood. Ich sagte, ihr müßt verrückt sein. Das hätte ich niemals getan. Aber sie sahen die
Besetzung der Rolle nur von ihrem kommerziellen Standpunkt aus. Also erklärte ich mich bereit, den Sheriff zu
spielen. Die Rolle war nicht besonders groß, aber sie paßte besser zu mir. Ich sagte: ›Ich spiele den Sheriff, wenn ihr
einen Indianer für die Rolle des Indianers findet!‹ Das
stand auch in meinem Vertrag. Aber sie fanden keinen
indianischen Schauspieler. Zu ihrer Ehrenrettung muß allerdings gesagt werden, daß es damals, im Jahre 1967, noch
kaum indianische Schauspieler gab. Also mag stimmen,
was sie sagten, aber sie haben sich bestimmt nicht ange-
strengt, einen Indianer zu finden. Ich glaube, sie hatten
einfach Angst, die Rolle mit einem Indianer zu besetzen.
Also wurde der Film mit Robert Blake gedreht, der vor-
gab, ein Indianer zu sein. Aber das war nicht dasselbe.

Würden Sie einen Indianerfilm wie Dances With Wolves
(Der mit dem Wolf tanzt) drehen, sich noch einmal mit dem
Indianerthema beschäftigen?

Nein, das habe ich vor vielen Jahren mit *Jeremiah Johnson*
getan. Als ich mir *Dances With Wolves* ansah, habe ich einige Szenen wiedererkannt, die ich für *Jeremiah Johnson*
gedreht habe. Sie haben einiges kopiert. Ich möchte einen
Film über moderne Indianer drehen, deshalb mache ich
mich an die Verfilmung von »The Skinwalker«, einem Roman von Tony Hillerman. Es geht um zwei Navajo-Poli-
zisten, die im Reservat arbeiten. Der ältere der beiden ist

Robert Redford: »Ich möchte einen Film über moderne Indianer drehen.«

ein Zyniker, der mit den Traditionen seines Volkes nicht viel anfangen kann. Der jüngere ist sehr traditionell eingestellt und will Medizinmann werden. Eigentlich hätte man das umgekehrt erwartet. Natürlich kommt es ständig zu Auseinandersetzungen, wenn der junge Polizist ein heiliges Lied anstimmen will, und der ältere sagt: Laß den

Blödsinn. Aber das kommt sehr humorvoll rüber. Mich fasziniert, wie sie ihre Kriminalfälle lösen. Sie tun das auf sehr unkonventionelle Weise, indem sie sich auf ihre Kultur besinnen. Ich spiele in dem Film nicht mit, produziere aber. Ich besitze die Filmrechte zu allen Romanen von Tony Hillerman, es sind sehr ungewöhnliche Bücher.

In Jeremiah Johnson *haben Sie sich auf die Seite der Indianer geschlagen, obwohl Sie viele Crow-Indianer in dem Film töten ...*

Ich weiß, das ist schon paradox. *Jeremiah Johnson* setzte sich für die Indianer ein, und ich ritt in die Berge und tötete einen Crow nach dem anderen. Die Leute fragten: He, was ist mit Redford los, wir dachten, der setzt sich für die Belange der Indianer ein? Aber das war nur erzählte Geschichte. Es ist doch interessant, daß einige der größten Fans von *Jeremiah Johnson* Indianer sind. Eine sehr bemerkenswerte Tatsache.

Sie haben die indianischen Belange auch in zwei Dokumentarfilmen verteidigt: Broken Treaty at Battle Mountain *und* Incident at Oglala. *Wie wichtig waren diese Arbeiten für Sie?*

Sehr, sehr wichtig, besonders der zweite Film. In beiden Dokumentationen ging es um authentische Fälle, die an die Öffentlichkeit gebracht werden mußten. In *Incident at Oglala* ging es um einen jungen Indianer, der zwei FBI-Agenten umgebracht haben soll. Ich wollte deutlich machen, daß der Indianer im Gefängnis saß, ohne vom amerikanischen Rechtssystem profitieren zu können. Er war der lebende Beweis dafür, daß das Recht in Amerika mit zweierlei Maß gemessen wird. Ich glaube nicht, daß dieser Mann ins Gefängnis gehört, er hätte schon vor langer Zeit begnadigt werden müssen. Wir bemühen uns immer noch, ihn aus dem Gefängnis zu bekommen, aber bestimmte Kreise unternehmen ebensolche Anstrengungen, um ihn im Gefängnis zu behalten. Sie wollen, daß irgend jemand für den Tod ihrer Leute bezahlt, aber ich glaube nicht, daß er der Mann ist.

Warum interessieren sich immer mehr Menschen für die Kultur der Indianer? Was ist so faszinierend daran?

Die Lebensweise der Indianer kommt den meisten Menschen exotisch vor, weil sie anders war. Sie erscheint uns primitiv und urwüchsig, obwohl das gar nicht stimmt. Indianer haben dieselbe Wirkung auf viele Menschen wie die wilden Tiere in Afrika. Das Elementare zieht uns an. Indianer sind die letzten Exotika.

Eine sehr pessimistische Sichtweise ...

Das mag sein, aber sie trifft auf die meisten Menschen zu. Ich denke anders. Ich interessiere mich für die Indianer, weil ihr Leben im Einklang mit der Natur verläuft. Wir können viel von den Indianern lernen, was die Politik und die Religion betrifft, ihre Einstellung zur Natur, zumindest von den Indianern, wie sie vor der Ankunft der Weißen gelebt haben. Ich habe großen Respekt vor den Indianern. Sehr interessant finde ich auch, daß die Indianer keine Schrift kannten. Ich mag ihre Rituale, und ich mag, wie sie über das Land denken.

Butch Cassidy and the Sundance Kid *war einer ihrer bekanntesten Filme. Wie authentisch war die Geschichte? Die beiden Banditen haben wirklich gelebt...*

Ein großer Teil des Films beruht auf historischen Tatsachen. Ich lernte sogar Butch Cassidys Schwester kennen. Sie war erst neun Jahre alt, als er das Haus verließ. Er war damals ungefähr zwanzig. Er schlug sich als Gesetzloser durchs Leben und schrieb ihr Briefe aus Utah. Dort hielt er sich versteckt. Sie mochte ihn sehr gern und hob alle seine Briefe auf. Sie starb mit dreiundneunzig Jahren. Wir waren sehr gute Freunde, und ich besuchte sie oft. Sie wohnte in einem winzigen Nest in Utah. Wir saßen auf der Veranda, und sie zeigte mir auch Briefe, die Butch aus Südamerika geschrieben hatte. Über seinen Tod sagte sie nicht viel. Es gibt viele Spekulationen darüber, angeblich soll Butch seinen eigenen Tod inszeniert haben, um der Polizei zu entkommen. Er soll dann noch einige Jahre in Washington oder Oregon gelebt haben. Aber daran glaube ich nicht. Ich denke, daß Butch Cassidy und Sundance Kid bei der Schießerei ums Leben kamen. Sie beharrte darauf, daß er in die Vereinigten Staaten zurückgekehrt sei, konnte es aber nicht beweisen.

Besonders nach den Filmen, in denen Sie Regie führten, nannte man Sie einen »europäischen Filmemacher«. Können Sie das nachempfinden?

Vielleicht ist mein Stil europäisch, das mag schon sein. Obwohl ich ein waschechter Amerikaner bin. Aber ich habe Kunst in Europa studiert, ich war in Frankreich und Italien und habe mir vielleicht eine europäische Sichtweise angeeignet. Allerdings nur in künstlerischen Dingen, sonst bin ich sehr amerikanisch.

1. Teil

Der Aussteiger

»In den fünfziger Jahren konnte ich nicht leben!«

ROBERT REDFORD

Robert Redford. Klingt fast zu schön, um wahr zu sein. Aber so hieß Klein-Superstar schon am 18. August 1937, als er im kalifornischen Badeort Santa Monica zur Welt kam. Charles Robert Redford. Ein guter Name für einen Schauspieler oder einen Sportler. Ein Name, der eine große Karriere verspricht. Aber wer dachte in den späten dreißiger Jahren schon an einen Traumjob? Die Depression war gerade vorüber, und man war froh, wenn man sich über Wasser hielt. Auch in Santa Monica, dem mondänen Badeort westlich von Los Angeles. Der Ort liegt nur zehn Meilen vom Hollywood Boulevard entfernt, auf dem damals noch die Stars flanierten, man war sozusagen mit den Reichen auf Tuchfühlung und doch Lichtjahre von ihnen entfernt. Eine unsichtbare Mauer trennte die normalen Leute von der Traumwelt im Nordosten. Hollywood war ein unerreichbares Märchenland inmitten eines von Krisen geschüttelten Landes, das gerade begann, sich von einem seiner größten Schocks zu erholen. Die Menschen rafften zusammen, was sie über die schlechten Jahre hinweg gerettet hatten, hüteten es wie einen kostbaren Schatz. Sie suchten verzweifelt nach Arbeit, hielten Ausschau nach einem Silberstreifen am Horizont. Keine Rede von dem Gold, das am Ende des Regenbogens liegen soll, man sah ja nicht einmal einen Regenbogen.

Roberts Eltern ging es nicht anders. Charles und Martha Hart Redford lebten in einem bescheidenen Häuschen, eigentlich einer Hütte, in der Innenstadt, und jeden Morgen läutete der Wecker einen neuen Tag im Überlebenskampf ein. Und der Wecker klingelte bei den Redfords ziemlich früh, wenn es draußen noch dunkel war und die meisten Leute noch in ihren Betten lagen. So um vier, halb fünf. Wie die meisten Männer arbeitete auch Charles Redford für zwei Brötchengeber, um das nötige Geld für die Haushaltskasse nach Hause zu bringen. Morgens war er Milchmann, und nachmittags betätigte er sich als Buchhalter. Nicht gerade ein angenehmes Leben, aber was sollte man

*Robert Redford
als Vierjähriger.*

machen? Von einem Wirtschaftswunder war weit und
breit nichts zu sehen, und die Schatten der Depression lagen immer noch über dem Land.

Der kleine Robert, von allen nur Bob genannt, bekam seinen Vater kaum zu Gesicht. »Wenn ich zur Schule ging,
trug er gerade Milch aus, und wenn ich nach Hause kam,
arbeitete er schon im Büro«, erinnert sich Robert Redford. »Ich wußte kaum, wie er aussah. Aber ich wäre sowieso nicht mit meinen Sorgen zu ihm gegangen, nicht mal
in schlechten Zeiten. Er arbeitete ziemlich hart und hatte
genug mit sich selber zu tun.« Verbitterung schwingt in
diesen Worten mit. Bob fühlte sich vernachlässigt, obwohl
er erkannte, daß seinem Vater gar keine andere Wahl
blieb, als sich für die Familie aufzuopfern, auf Kosten des
harmonischen Zusammenlebens.

»Mein Vater war sein ganzes Leben lang schlechter Laune«, erzählt Robert Redford, »so wie seine Eltern, nehme ich an. Er wollte nie über sie reden. Sie waren zu arm, um meinen Vater und dessen Bruder zu unterstützen, deshalb schickten sie meinen Vater nach Los Angeles, wo er bei einer Tante aufwuchs. Er kam sich wohl ziemlich vernachlässigt vor.«

Ähnlich erging es dem kleinen Bob, der zwar bei seinen Eltern aufwuchs, aber niemals einen Vater hatte. In seiner Verzweiflung wandte er sich seinem Onkel zu. »Ich stand meinem Onkel viel näher«, gibt er heute zu. »Er wurde übrigens im Krieg getötet. Er fuhr mit einem Major im Jeep, und der Major kam nach dem Krieg zu uns und erzählte, wie es geschehen war. Sie fuhren über eine vereiste Brücke außerhalb von Luxemburg, als ein Scharfschütze das Feuer eröffnete und einen Reifen traf. Der Wagen kam ins Schleudern, aber mein Onkel warf sich vor den Major, um ihn zu schützen.«

Auch an seinen Großvater hat Robert Redford nur betrübliche Erinnerungen. »Ich nannte meinen Großvater ›Tiger‹, weil er das genaue Gegenteil von einem Tiger war. Er starb mit fünfundneunzig. Die letzten fünfundzwanzig oder fünfunddreißig Jahre seines Lebens wartete er nur darauf, daß er starb. Er saß stumm herum und sagte kein Wort. Ich wollte mehr über seine Familie wissen, aber er schwieg. Und wenn er mal was sagte, klang es ziemlich trocken. Er soll sogar Eugene O'Neill gekannt haben. Und er hat noch den berühmten Edwin Booth auf der Bühne gesehen, aber für ihn waren alle Schauspieler nur Taugenichtse. Als ich ihm über *Barfuß im Park* erzählte, wußte er nicht mal, daß ich mitspielte, geschweige denn, daß das Stück ein Hit war. Da sprach ich halt über andere Dinge.«

Ganz anders sieht Robert Redfords Erinnerung an seine Mutter aus. »Meine Mutter war eine gute Frau, eine fröhliche Frau, die allen Dingen etwas Gutes abgewann. Sie war voller Leben.« Und sie opferte sich für ihren Sohn auf, machte ihm Mut, zeichnete Perspektiven für die Zukunft auf und ersetzte ihm den Vater. Sie stand von morgens bis abends in der Küche (an Spülmaschinen, Mikrowellenherde und die *soap operas* war damals noch kein Gedanke) und spielte mit ihm in dem kleinen Wohnzimmer. Dem kleinen Bob sollte es mal bessergehen als ihr und ihrem Mann.

Die besseren Zeiten kamen mit dem Zweiten Weltkrieg. Amerika konnte gar nichts Besseres passieren als dieser Krieg. Während Europa in Schutt und Asche versank, erlebten die USA einen wirtschaftlichen Aufschwung, und nicht nur die Rüstungsindustrie verzeichnete endlich einmal wieder schwarze Zahlen. Plötzlich gab es wieder Arbeit, die Löhne zogen an, und niemand brauchte mehr Not zu leiden. Die Armen sahen wieder Land, die Reichen wurden noch reicher, und Familien wie die Redfords konnten auch mal wieder Urlaub machen und sich ein Essen im Restaurant leisten. Die harten Jahre waren vorüber, und am Himmel zeigte sich ein Regenbogen.

Charles Redford fand eine Stelle als Buchhalter beim Konzern Standard Oil und konnte den Milchmannjob endlich an den Nagel hängen. Kein frühes Aufstehen mehr, kein Essen im Stehen, keine schlechte Laune und mehr Geld auf dem Konto. Der Krieg war weit weg. Auch als japanische Flugzeuge den hawaiianischen Hafen Pearl Harbor angriffen, konnte sich niemand auf dem amerikanischen Festland so recht vorstellen, welche Grausamkeiten und Schrecken so ein Krieg verbreitete. In Los Angeles oder Kansas City oder New York brauchte sich niemand in Luftschutzkellern zu verkriechen, da fielen keine Bomben, und kein Feuer wütete in den Häuserschluchten. Der Krieg fand nur in der Zeitung statt, und da gab es keine grausamen Bilder zu sehen. Krieg war nur ein Wort, das Arbeit und bessere Einkommen bedeutete.

Nach dem Krieg zogen die Redfords nach Van Nuys. Aus der ärmlichen Umgebung im amerikanischen Sonnenparadies in die wohlbehütete Umgebung einer kalifornischen Provinzstadt. Wo alles seine Ordnung hatte. Wo man unter sich war. Brave Familienväter und fleißige Mütter, schmucke Häuschen, eins wie das andere. Am Garagentor der obligate Basketballkorb. In der Garage ein Stationwagon, in dem man jeden Samstag zum Supermarkt fuhr und für die Woche einkaufte. Bridge Parties und Garage Sales, Kirchenfeste und Picknick im Grünen. Keine Armut, aber auch kein Reichtum, gerade soviel, daß man ruhig und zufrieden leben konnte. Das Paradies für die meisten Eltern, gähnende Langeweile für die meisten Jugendlichen.

Der junge Robert Redford bildete da keine Ausnahme. Mehr noch, er haßte Van Nuys. Wußte mit diesem *american way of life* nichts anzufangen. So wie er die blonden Strandjungen und ihre nächtlichen Beach Parties in Santa Monica verabscheut hatte. Ihren ständig zur Schau getragenen Optimismus. Er haßte Van Nuys, die Main Street mit ihrer Ansammlung von Hamburger-Buden und Gebrauchtwagenläden. McDonald's, Burger King, Howard Johnson's ... in der Provinz sah doch eine Stadt wie die andere aus. Keine Atmosphäre, keine Aufregung. Und wenn man im Dunkeln nach Hause fuhr, konnte man froh sein, wenn man das heimatliche Häuschen fand. In den Vorortsiedlungen ähnelten sich die Wohnhäuser wie ein McDonald's dem anderen.

»Waren Sie schon mal in Van Nuys?« fragt Robert Redford. »Van Nuys ist ein kulturelles Schlammloch. Keine Aufregung, keine Herausforderung, keine Romanzen, nichts. Mit einem Wort: langweilig. Die Schulen waren primitiv. Da saß man in den Bänken, vor sich das Tintenfaß, und himmelte die Flagge an und wartete auf das Pausenklingeln.«

Na, ganz so schlimm war's vielleicht nicht, aber wer jemals in der amerikanischen Provinz war, kann Robert Redford verstehen. Er dachte und empfand wie ein Europäer. Ihm lag nichts daran, langweilige Bräute in noch langweiligere Drive-Ins zu schleppen, und er wollte auch nicht jeden Abend die Main Street auf und ab fahren und Blondinen einsammeln. Ab und zu war das ganz schön, sicher, aber ansonsten ging einem doch die Kultur ab. Das Großstädtische eben, die Aufregung und der Glanz, Theater und Ausstellungen, die tausend Möglichkeiten der Zerstreuung und Entspannung. Die Anonymität, das gelegentliche Untertauchen in der Masse. Die Faszination einer Metropole wie Los Angeles. L. A. war zwar nur eine Autostunde entfernt, aber entweder war man noch zu jung, oder die Eltern rückten den Wagen für eine solche Fahrt in den »Sündenpfuhl« nicht heraus. Man war ein Gefangener der Provinz und spielte mit oder begab sich ins Abseits.

Robert Redford wollte weder das eine noch das andere. Er haßte die Schule, aber er wußte auch, daß er durchhalten mußte, wenn er Van Nuys jemals verlassen wollte. »Ich war clever und erkannte, daß ich es nur zu etwas bringen konnte, wenn ich das College schaffte. Und der einzige Weg, auf ein College zu kommen, war, die High School abzuschließen. Hinzu kam noch, daß mich die Armee wahrscheinlich nach Korea geschickt hätte, wenn ich von der High School abgegangen wäre. Ich konnte das nicht akzeptieren. Korea war nicht mein Krieg, ich konnte mich nicht damit identifizieren. Weder damals mit Korea noch später mit Vietnam.«

Im Herzen war Bob vielleicht ein Europäer, schon damals liberal und kritisch, aber ironischerweise waren es gerade die besonderen Bedingungen des *american way of life,* die ihm den Abschluß der High School ermöglichten. Mit seinen schlechten Noten und den dauernden Verweisen hätte er auf einer europäischen Schule das rettende Licht niemals zu Gesicht bekommen. Man hätte ihn kurzerhand gefeuert. Aufmerksamkeit, Fleiß und Leistungen: mehr als mangelhaft. Aber in den USA kommt man auch mit mangelhaften Leistungen auf die Uni, vorausgesetzt, man kann das Schulgeld bezahlen und ist eine Sportskanone. Hervorragende Leistungen im Sport öffnen einem amerikanischen Schüler Tür und Tor. Viele Schwarze können ein Lied davon singen. Robert Redford auch. Er spielte hervorragend Football, noch besser Basketball und am besten Baseball. Das war mehr als genug, um die schlechten Noten in anderen Fächern auszugleichen. Was den jungen Bob nicht daran hinderte, die Schule als lästiges Übel anzusehen und sich nach anderen Tätigkeiten umzusehen. Er suchte Abwechslung und Action und erinnert sich heute schmunzelnd an die Abenteuer, die er zusammen mit seinem damals besten Freund William Coomber bestand.

»Wir kletterten viel auf Gebäuden herum, am liebsten auf dem Fox Village Theater und der Bank of America in Westwood. Das war für uns das höchste. Wir stiegen auf die Häuser, schraubten die Glühbirnen aus den Reklametafeln und warfen sie auf die Straße.« Aber das war nicht alles. Bob und Bill wurden zu dem, was man damals »Halbstarke« nannte, und machten sich sogar strafbar. »Van Nuys war langweilig, und man mußte irgend etwas tun, um Dampf abzulassen«, entschuldigt sich Robert Redford heute. »Ich stahl auch Radkappen und verkaufte sie für zwanzig Dollar auf dem Schrottplatz. Mit den Jungs einer Straßenbande brach ich bei den Universal Studios ein und stahl 'ne Menge Zeug. Na, und manchmal brach ich in die vornehmen Häuser in Bel Air ein, nur so, um mich mal umzusehen. Ich fragte mich: ›Was haben die getan, um das alles zu verdienen?‹ Ich hatte was gegen die Reichen. Ich war ein ziemlich guter Tennisspieler, und es machte mir immer besondere Freude, die reichen Kids vom Platz zu fegen.«

Szenen aus einem James-Dean-Film. *Denn sie wissen nicht, was sie tun.* Im englischen Original: *Rebel Without A Cause,* Rebell ohne Grund. Die Jugend begehrte auf, wandte sich gegen die Erwachsenen und suchte nach neuen Perspektiven. Sie protestierte gegen das bürgerliche

Leben, die Langeweile der Vorstädte, die Oberflächlichkeit des bürgerlichen Lebens. James Dean wurde zur Kultfigur. Aus dem Radio schallte rhythmische Musik, die ein Discjockey »Rock'n'Roll« nannte, und neue Stars wie Elvis Presley und Little Richard wanden sich auf der Bühne und schrien sich die Seele aus dem Hals. Rock'n'Roll, die Begleitmusik einer Protestbewegung, die keiner der Erwachsenen ernstnahm und die erst zum Politikum wurde, als die USA in Vietnam einmarschierten und der Jugend einen handfesten Grund lieferten, gegen das Establishment zu protestieren. Aber Woodstock und Bob Dylan waren noch weit entfernt, und die Jugend der fünfziger Jahre dachte wohl nur daran, sich von den Eltern loszusagen und ein aufregendes und vor allem anderes Leben zu führen.

Im Herzen war Robert Redford schon immer ein Rebell. Irgend etwas am *american way of life* störte ihn, ohne daß er den Finger auf eine Wunde legen konnte. Aber er war kein *Rebel Without A Cause,* kein Rebell ohne Grund. Er war auf der Suche nach einer Zeit, die ihm Zündstoff bot. Die fünfziger Jahre waren ihm zu langweilig, zu substanzlos, und die jugendlichen Rebellen flohen seiner Meinung nach nur von einer bürgerlichen Umgebung in die nächste. Die Eltern wohnten in schmucken Vorstadthäuschen, trafen sich auf Parties und mähten den Rasen. Die jungen Leute fuhren im Auto auf der Main Street herum, aßen Hamburgers im Drive-In und knutschten im Autokino. Was war da schon für ein Unterschied? Auf den ersten Blick ein großer, auf den zweiten Blick keiner.

»In den fünfziger Jahren konnte ich nicht leben«, erinnert sich Robert Redford heute. »Ich haßte die Musik und die Tänze und die Hamburger und wollte mich nicht so wie alle anderen benehmen. Ich war apathisch, dann wieder wild, wußte vor lauter Frustration und Langeweile nicht, wohin. Ich wollte raus. Wenn irgendwo was los war, langweilte ich mich.

Ich erlebte eine furchtbare Zeit. Versuchte verzweifelt, meinem Leben einen Sinn zu geben. Henry Miller war mein Idol. Und Hemingway. Seine Romane mochte ich nicht besonders, sie wirkten zu kühl und kalkuliert auf mich, aber sein Leben war faszinierend. Er war ein leidenschaftlicher Mann.

Ich sehnte mich nach den dreißiger und auch nach den zwanziger Jahren. Ich las James Farrells *Studs Lonigan* zweimal, das erste Mal, als ich neunzehn war. Bei der Lektüre von John Dos Passos' *U. S. A.* wünschte ich mir, zwanzig Jahre früher geboren worden zu sein. Es hätte mir nichts ausgemacht, während der Depression aufzuwachsen. In den dreißiger Jahren konnte man als einzelner Mensch noch was erreichen, auch wenn man vor den Lebensmittelläden Schlange stehen mußte. Damals kämpften die Leute noch um etwas, das Leben war interessant, es tat sich was. Man stand vielleicht an der Straßenecke und verkaufte Äpfel, aber man wußte doch, wozu man da war. Nun wird alles von den Maschinen aufgesaugt. Schon in der High School denken die Schüler darüber nach, wieviel Geld sie einmal verdienen werden. Jeder fürchtet sich davor, nicht so wie der andere zu sein.«

Robert Redford setzte sich von der Masse ab und wurde zu einem Einzelgänger. Er erlebte seine eigenen fünfziger Jahre, las und dachte nach und kletterte mit seinem Freund auf Häusern herum. Sogar die Sportstunden gingen ihm auf den Geist, obwohl er doch zu den besten Spielern gehörte. »Ich erkannte eines Tages, daß irgend etwas fehlte. Man ging vom Umkleideraum in die Turnhalle und wieder zurück. Was hatte mir das Leben zu bieten? Der Wettkampf war interessant, aber außerhalb der Turnhalle fand nichts statt.«

Robert Redford, der Rebell. Der Unzufriedene, der Mekkerkopf, sagten manche, die sich nicht vorstellen konnten, daß es etwas Aufregenderes als Basketball und Burger gab. Selbst mit seinen Freundinnen mischte sich Bob nicht unter die Menge. Er wollte allein mit seinem Mädchen sein, und das nicht nur aus dem einen offensichtlichen Grund. In den fünfziger Jahren wurde das Wort »Sex« sowieso kleingeschrieben. Der zwischenmenschliche Kontakt beschränkte sich auf Knutschen und Petting im Autokino. Bob machte diesen Zirkus nicht mit. Er ging mit seinen Freundinnen am Strand spazieren und genoß das Rauschen des Meeres und die Stille der Nacht. Ein Mann auf der Suche nach sich selbst.

Mit dem Film hatte Robert Redford in den fünfziger Jahren noch gar nichts im Sinn. Er hielt alle Filmstars für Weichlinge, die nichts Besseres zu tun hatten, als in die Kamera zu lächeln und ihr Geld zu zählen. Ausgenommen die Westernstars. In Western war wenigstens noch was los, da ging Action über die Leinwand. Besonders hatten ihm es die Stuntmen angetan, die Doubles, die ihren Hals für die Stars riskierten, von galoppierenden Pferden fielen und aus brennenden Häusern stürzten. Diese Jungs riskierten etwas, das war ein Beruf, der noch Abwechslung brachte. »Zum erstenmal kam ich mit dem Film in Berührung, als ich fünfzehn war«, erzählt er. »Bill und ich waren große Westernfans, und wir glaubten, die Stunts besser ausführen zu können als die Burschen, die wir auf der Leinwand sahen. Wir machten uns also auf, sprachen bei Warner Brothers vor und wurden tatsächlich beim Produzenten vorgelassen. Wir erzählten ihm, daß wir Stuntmen wären und Arbeit suchten. Er war sehr höflich, fragte nach unserem Alter und ob wir Erfahrung hätten. Dann notierte er unsere Namen und Adressen und versprach, sich zu melden, sobald eine Stelle frei sei. Wir hörten nie mehr von ihm.«

Ansonsten machte Hollywood keinen besonderen Eindruck auf Bob. Vielleicht war es die räumliche Nähe zu den Studios, die ihn aller Illusionen beraubte. »Damals kamen wir oft am Studio vorbei und sahen, wie ein Film gedreht wurde. Hinter den Bühnen wurde immer ein künstlicher Himmel hochgezogen. Der richtige Himmel kam in den Filmen überhaupt nicht vor. Das erinnerte mich natürlich ständig daran, daß im Kino alles unwirklich war. Wie konnte ich Hollywood ernstnehmen?«

Denselben Eindruck gewann der junge Bob von Kalifornien, dem Plastik- und Glimmerstaat. Dem Land, in dem der *american way of life* am perfektesten gelebt wird. »Alles war in Kalifornien hinter einer Maske verborgen – alles Böse und Schreckliche war in diesem Staat nicht zu sehen. Die Sonne schien den ganzen Tag, auf der Straße gingen Filmstars spazieren, das Essen war gut, und man konnte das ganze Jahr über im Freien sein und sich einen schönen Lenz machen. Aber wenn man die andere Seite nicht kennt, kann man auch nicht wachsen. Ich begann erst, erwachsen zu werden, als ich Kalifornien verließ und aufs College ging.«

Das geschah 1955. Ein Jahr, das Robert Redford ewig in Erinnerung bleiben wird, weil es einen entscheidenden Einschnitt in seinem Leben bedeutete. Seine Mutter starb, und er verlor den Boden unter den Füßen. Sie war der einzige Beziehungspunkt in der Familie gewesen, und er stand auf einmal ganz ohne Bindung da. Der einzige Mensch, auf den er sich immer hatte verlassen können, war nicht mehr da. Er mußte sich jetzt ganz allein behaupten und in einem Leben zurechtfinden, das ihm bisher zumindest Sicherheit und Geborgenheit geboten hatte. »Ich sagte mir immer wieder, daß ich mich von nun an nur auf mich selbst verlassen würde«, machte Robert Redford sich selbst Mut.

Aber das war leichter gesagt als getan. Der Tod seiner Mutter traf ihn schwerer, als er sich selbst eingestehen wollte, und auch seine Freunde konnten ihm nicht helfen, geschweige denn sein Vater. Er war allein, wirklich allein. Selbst heute noch wird sein Ausdruck bitter, wenn er sich an die schwierigen Monate erinnert. »Ich griff oft zur Flasche und landete sogar ein paarmal im Gefängnis.« Aus dem Rebell, dem ständig Unzufriedenen, wurde ein hilfloser Junge, der nur noch den einen Wunsch hatte, Kalifornien zu verlassen und irgendwo ein neues Leben zu beginnen. Ein Leben mit Kanten und Ecken, das ihn wirklich forderte und beschäftigte und ihm eine Aufgabe stellte, an der er wachsen konnte.

Das Baseball machte es möglich. Robert Redford schloß noch im selben Jahr die High School ab und bekam ein Sportstipendium an der University of Colorado. Damit war der erste Schritt getan. Er kam raus aus Kalifornien, raus aus der künstlichen Plastikwelt, die ihn in Van Nuys und Santa Monica umgeben hatte. »Mann, war ich erleichtert, endlich aus Kalifornien rauszukommen«, sagte er später. »Es war so unendlich langweilig. Jeder erbte die Philosophie von seinen Eltern. Du kamst aus Kalifornien. Das Wetter war schön, und alle hatten, was sie wollten. Die *supermarket mania* begann gerade. Die Dinger schossen überall in Beverly Hills, Westwood und Hollywood und sogar im San Fernando Valley aus dem Boden. Diese Betonwelt war häßlich und langweilig und alles andere als ästhetisch. Das San Fernando Valley war viele Jahre zuvor wirklich schön gewesen, dort gab es damals nur Ranchland. Es geht mir immer ziemlich nahe, wenn freier Raum zugebaut wird. Als Kind war ich ständig wütend, weil ich nie mitbekam, wenn so etwas geschah.«

In Colorado fand Robert Redford einen Teil dessen, was er immer gesucht hatte. Das Land war schön und unberührt, und selbst in der großen Stadt Denver gab es kaum Smog. Denver gehört noch heute zu den saubersten Städten der USA. Über den Bergen hing eine klare und seidige Luft, und in den Tälern und Canyons konnte man noch wirklich allein sein. Allein mit der grandiosen Natur der Rocky Mountains, den Vögeln und Rehen, und wenn man Glück hatte, erspähte man sogar einen Adler. Die Felsen strahlten eine ungewöhnliche Ruhe aus, und den Menschen fehlte der Streß und die Rastlosigkeit der Kalifornier, die nur von der Jagd nach dem Profit und den schönen Dingen des Lebens beseelt waren. Oder was sie dafür hielten. Auch in Denver gab es Hamburger-Buden und Supermärkte, aber sie verloren sich in der Weite und Großzügigkeit des Landes, und verantwortungsvolle Stadtväter sorgten dafür, daß es nicht zu Verschandelungen der Landschaft wie im San Fernando Valley kam. Die Natur behielt die Oberhand im Herzen der Vereinigten Staaten.

Colorado war das Paradies, nach dem Robert Redford immer gesucht hatte, und er sollte sich viele Jahre später daran erinnern, als er den Trapperfilm *Jeremiah Johnson* drehte. Ende des Jahres 1955 aber dominierte die Schule, und er hatte nicht viel Zeit, sich an der Natur zu erfreuen. Dachte man. Bob ließ es sich nämlich nicht nehmen, mit Rucksack und Pickel in die Berge zu ziehen und Felsen zu erklettern. Oder an einem einsamen Fluß zu kampieren und dem Zirpen der Grillen zuzuhören. Das tat er lieber, als in der Schule zu sitzen und sich mit Baseball zu beschäftigen. »Ich haßte die Universität«, gibt er heute zu, »und das Baseball-Stipendium brachte mir nicht viel. Da konnte man nichts lernen. Der Tag verging mit langweiligen Trainingsstunden, und mittags und abends zwang man sich ein Steak rein. Gesundheits- und Aufbaunahrung. Nach anderthalb Jahren hatte ich die Nase voll. Ich mochte die Schule einfach nicht. Ich war rastlos und nicht mit dem zufrieden, was ich dort lernte. Die interessanten Sachen eignete ich mir sowieso selbst an. Da ich nicht genau wußte, was ich wollte, entschloß ich mich, Kunst zu studieren. Ich hatte schon als Kind zu zeichnen begonnen. Wenn meine Eltern zu einer Bridge-Party gingen, setzten sie mich immer unter den Tisch und drückten mir einen Block und Buntstifte in die Hand. Weil sie sich keinen Babysitter leisten konnten, nehme ich an. So begann ich zu zeichnen.« Aus dem Kunststudium wurde nichts, und Robert Redford ging auf die Walz. Rastlos zog er von einem Ort zum anderen. Er suchte nach etwas, das es gar nicht gab, und behalf sich mit Gelegenheitsjobs. Nirgendwo schlug er Wurzeln. Er freute sich über die Freiheit, die von der Schule eingeschränkt worden war, und er lamentierte gleichzeitig über sein sinnloses Leben. Sogar nach Kalifornien verschlug es ihn wieder. Er nahm Arbeit auf den El Secunda-Ölfeldern an. »Ich arbeitete mit dem Hammer und schaufelte den Dreck unter den Rohren weg. Ich habe mich nie besser gefühlt.« Aber auch auf den Ölfeldern hielt es ihn nicht lange. Schon bald machte er sich wieder auf den Weg, neuen Zielen entgegen.

Europa lockte. Europa mit seiner Kultur und Geschichte. Dort gab es noch keine McDonald's und Burger Kings, und Kalifornien kannte man nur aus dem Kino. Europa war echt und gewachsen und keine künstliche Plastikwelt wie die amerikanische Westküste. Dort zählte noch das Individuum, dort ordnete sich keiner irgendwelchen Zwängen unter. Das glaubte Bob jedenfalls. Europa bot die Herausforderung, die er immer gesucht hatte, stellte die Ansprüche, die er in Van Nuys nie gefunden hatte. In Europa konnte man sich verwirklichen.

Für einen verhinderten Künstler kam natürlich nur Paris in Frage. Die Stadt der Künstler und Clochards, die französische Metropole mit der anmutigen Atmosphäre und den schönen Mädchen. So las man es in den Illustrierten, so sah man es im Kino. Die Wirklichkeit sah ein bißchen anders aus. Sicher, das mit den Künstlern und Clochards stimmte, und das mit der Atmosphäre und den schönen Mädchen war sogar noch untertrieben, aber was nützten einem die heißesten Bräute, wenn man keinen Centime hatte, um sie einzuladen? Künstler müssen leiden können und durch ein tiefes Tal, wenn sie das Licht des Erfolges sehen wollen, das hatte Bob nicht bedacht. Auch in Europa wurde einem jungen Mann nichts geschenkt und einem jungen Künstler schon gar nicht, und die Konkurrenz war größer und gebildeter als in Kalifornien.

Robert Redford lebte von der Hand in den Mund. Er gesellte sich zu den vielen anderen Künstlern und Möchtegern-Malern am Montmartre und zeichnete Porträts und vor Farbe strotzende Schinken, die nur selten einen Käufer fanden. Er war gezwungen, seine wenigen Francs genau einzuteilen und auf dem Markt nach den billigen Angeboten zu suchen. Mit einem Blumenkohl oder ein paar Kartoffeln konnte man über eine ganze Woche kommen, wenn es die Not verlangte. Reichte das Geld nicht mal für eine Notration, hing Bob in Harry's Bar herum und wartete darauf, daß ihm ein reicher Amerikaner eine Mahlzeit spendierte.

Dennoch möchte er die Zeit heute nicht missen. »Es gab damals keine Hoffnung, keine Erwartungen ... die Stadt war ein vollkommen neutraler Platz für mich. Deine Gedanken waren frei, und nichts wurde geplant. Ich wußte nichts. Ich kannte niemanden. Ich verfügte lediglich über viel Energie und war bereit, eine Menge zu lernen. Ich lernte auf der Straße von den Leuten, die ich traf, oder durch Erfahrungen, die ich machte. Lehrbücher haben mir nie zugesagt.«

Robert Redford schaffte es nicht. Kein reicher Amerikaner blieb vor seinen Bildern stehen und zückte einen Millionen-Dollar-Scheck. Kein Galeriebesitzer brach beim Anblick seiner Kunstwerke in Entzücken aus. Kein Kunstkritiker blieb stehen und lobte ihn als vielversprechenden Nachwuchskünstler. Die einzigen Menschen, die vor seinen Bildern verharrten, waren Touristen, die gar nicht richtig hinsahen und lediglich fragten, ob er auch Porträts male. Für die Omi zu Hause. Zu mehr reichte es nicht.

Der alte Frust brach wieder durch. Bob wurde unruhig und aggressiv und machte sogar bei einer Demonstration mit, ohne zu wissen, wofür er eigentlich demonstrierte. Zu allem Unglück stieß er auch noch mit einem Polizisten zusammen, der sich angegriffen fühlte und ihm eins mit dem Gummiknüppel überzog. Sein Hunger nach Action und

Abwechslung war unersättlich, und er verhielt sich wieder so wie in Van Nuys – mit dem Unterschied, daß er keine Radkappen klaute.

Robert, der Unruhegeist, ging wieder *on the road,* diesmal per Anhalter, denn sein Erspartes reichte nicht mal für eine Zugfahrkarte. Er trampte durch Frankreich, Deutschland und Griechenland und lernte die Alte Welt besser kennen als jeder amerikanische Tourist. Dreizehn Monate lang reiste er kreuz und quer durch die Lande, von einem Ort und von einer Erfahrung zur anderen. Die Straße wurde sein Lehrmeister, und die Begegnungen mit fremden Menschen ersetzten die vielen Schulstunden, die er in Kalifornien und Colorado versäumt oder verschlafen hatte. Er wurde zum Hippie, zum rastlosen Wanderer, ließ sich aber nie gehen und nahm begierig alles auf, was man ihm erzählte. Zumindest für einige Monate hatte er die Action und Aufregung gefunden, nach der er anderswo immer vergeblich gesucht hatte.

»Es war aufregend, und es machte Spaß«, erinnert er sich. »Aber ich erkannte auch, daß all die Phantasien, die ich immer gehabt hatte, falsch waren. Ich kam mit der rauhen Wirklichkeit in Berührung. Damals wurde Europa gerade von der ungarischen und der Suez-Krise berührt. Auf den Champs-Élysées und am Montmartre fanden dauernd Demonstrationen statt. Naiv, wie ich war, geriet ich in so manchen Aufruhr und bekam auch Schläge ab. Ich hatte über solche Dinge in Zeitungen gelesen, aber nie angenommen, daß ich sie mal selbst erleben würde. Während meiner Trips übernachtete ich in Jugendherbergen. Eine Jugendherberge in Wien war mit Flüchtlingen aus Ungarn belegt, Jugendliche meines Alters, die zwei oder drei Tage zuvor ihre ganze Familie verloren hatten. Ich glaube, ich lernte während dieser Zeit mehr über mein eigenes Land als während meiner ganzen Jugend.«

In Florenz fand Robert Redford eine neue Heimat. Er entschloß sich, auf die Kunstschule zu gehen und endlich

Ernst zu machen mit der Malerei. »Ich wohnte in einem sehr, sehr kleinen Zimmer. Ich trug ständig dieselbe Kleidung. Ich verbrachte viele Stunden allein, wirklich allein. Ich hatte oft tagelang nichts zu essen, meistens, weil ich kein Geld mehr hatte, aber das Fasten machte mir Spaß. Ich war gewillt, diese schwere Zeit durchzustehen.«

Damit wurde es dann aber doch nichts. Wieder einmal verlor Robert Redford den Mut und diesmal auch den Glauben an sich selbst. Er mußte erkennen, daß er nicht zum Maler geboren war. Sein Professor kritisierte seine Arbeit und machte ihm deutlich, daß seine Bilder nicht mal für den Montmartre gut genug waren. Ein bißchen Talent und ein bißchen handwerkliches Können reichten nicht aus, um in die Annalen der Kunstgeschichte einzugehen. Er war nicht einmal gut genug, um sich mit der Malerei sein Geld zu verdienen.

Bob nahm sich diese Erkenntnis sehr zu Herzen. »Ich bekam es richtig mit der Angst zu tun, denn ich fühlte, wie ich die Kontrolle über mich selbst verlor. Ich konnte diesen Kummer mit niemandem teilen. Ich glaubte nicht, daß mich irgendeiner meiner Freunde verstehen würde.« Bob zog die einzige logische Konsequenz. Er kratzte seine kümmerlichen Ersparnisse zusammen und fuhr nach Amerika zurück. Abgebrannt und ausgelaugt kam er in L. A. an. Er war vollkommen am Ende und bereit, sich vor den nächsten Zug zu werfen. Dem Leben ein Ende setzen, alle Sorgen mit einem Schlag vergessen.

Doch dazu kam es nicht. Wie so oft im Leben eines Mannes tauchte rechtzeitig eine Frau auf, die ihn vor dem sicheren Ruin bewahrte. Eine Frau, die noch heute an seiner Seite ist und dafür sorgt, daß er nicht auf Abwege gerät. In einem Interview mit der Zeitschrift *Playboy* gestand Robert Redford, daß er während seines Aufenthalts in Europa wirklich auf den Hund kam, nahe daran war, seinem Leben ein Ende zu setzen, und nur durch seine spätere Ehefrau gerettet wurde.

»Ich reiste viel in Europa und lernte viel. Aber da war auch diese schlimme Zeit in Italien. Ich glaube, ich probierte damals aus, wieweit meine Selbstdisziplin ging. Ich wollte herausfinden, wieweit ich kam, wenn ich auf den Alkohol verzichtete, der mir so manches Mal eine Krücke gewesen war. In Florenz saß ich oft stundenlang allein in einem Sessel, bewegte mich nicht und ließ meine Gedanken wandern. Ich suchte mir einen Punkt im Zimmer aus und konzentrierte mich darauf, um herauszufinden, was dann geschähe. Und manchmal bekam ich wirklich Halluzinationen.

Das war aufregend, aber dann bekam ich es mit der Angst zu tun. Die ganze Sache war doch recht sonderbar. Ich glaubte wirklich, langsam verrückt zu werden. Es war eine ziemlich einsame Erfahrung. Ich nahm alles in mich auf und konnte nichts abgeben, außer in meinen Bildern, und als der Professor meine Bilder ablehnte, war ich ziemlich schockiert. Ich wurde depressiv und dachte oft über Dinge wie den Tod und die Dunkelheit nach. Ich erinnere mich noch daran, wie ich eines Tages in meinem kleinen Zimmer lag und eine Zigarette nach der anderen rauchte und erkannte, daß niemand wußte, wo ich mich befand. Ich dachte plötzlich über Las Vegas nach, und das machte mich ganz verrückt. Ich hörte das Klappern der einarmigen Banditen, und ich sah die Cadillacs vorfahren, aus denen feine Pinkel mit schönen Mädchen im Arm ausstiegen, ich wurde fast verrückt dabei.

Damals erkannte ich, wieviel man doch allein schaffen kann, und von da an hatte ich für Alkohol und Drogen nicht mehr viel übrig. Aber ich war so durcheinander, daß es schon beinahe lächerlich war. Nach Italien zog ich wieder durch die Lande, ohne Sinn und Ziel. Eigentlich wollte ich nicht herumziehen. Ja, und als ich dann wieder nach Kalifornien kam, war alles ziemlich frustrierend. In ungefähr einem Jahr war ich zu einem alten Mann geworden. Niemand verstand mich, niemand erkannte, durch welche

Hölle ich gegangen war; ich mußte wieder alles mit mir selber ausmachen. Ich begann wieder zu trinken, schlimmer als je zuvor.

Als ich meine Frau traf, war ich dem Tod nahe. Ich starb jeden Tag ein bißchen. Es ging ständig abwärts mit mir, und ich hatte auch noch Spaß daran. Je schlimmer es wurde, desto schöner wurde es. Ich besaß einfach nicht die Energie, um aus diesem Tal herauszukommen. Ich habe so ein Gefühl, und es mag melodramatisch klingen, daß ich ohne Lola untergegangen wäre. Vielleicht hätte ich mich vor einen Zug oder einen Lastwagen geworfen und dabei an den Mond gedacht. Ich weiß es nicht. Tatsache ist, daß ich sie getroffen habe. Ich brauchte jemanden, mit dem ich reden konnte, jemanden, der mich verstand. Lola wirkte so frisch und klang so interessiert, daß ich nach langer Zeit wieder mal einen ganzen Abend lang redete. Sie interessierte sich wirklich für das, was ich ihr erzählte, und das zu einer Zeit, als ich wirklich einen Zuhörer dringend nötig hatte. Es kamen Nächte, da liefen wir nur um die Hollywood Bowl und zurück und beobachteten die Dämmerung. Wir sprachen die ganze Zeit miteinander. Ich war immer davon überzeugt gewesen, nicht vor 35 zu heiraten, aber ich fühlte instinktiv, daß Lola die Frau war, mit der ich mein ganzes Leben verbringen wollte. Wir heirateten im September 1956.

Heute erkenne ich, daß wir so eine Art Museumsstück sind. Nur aufgrund der Tatsache, daß wir immer noch verheiratet sind. Es ist schwer, eine Ehe am Leben zu erhalten, aber sie gibt einem auch viel. Man gibt sich gegenseitig sehr viel. Mich erfüllt die Ehe. Viele Menschen haben Beziehungen, die nur eine Stunde oder fünf Minuten dauern, dann gehen sie wieder allein durchs Leben und suchen andere Beziehungen. Das muß man auch akzeptieren, aber ich mag die Dinge so, wie sie für uns laufen.«

2. Teil

Der Schauspieler

»Er öffnete nicht mal den Mund, aber ich sah eine solche Präsenz, eine so starke Konzentration, daß ich die Augen nicht von ihm wenden konnte.«

STARK HASSELTINE

Robert Redford lernte seine zukünftige Frau in dem Apartmenthaus kennen, in das er nach seiner Rückkehr gezogen war. Lola van Wagenen war die Freundin einer Nachbarin und schneite eines Tages herein, weil ihre Freundin von den »seltsamen Bildern« des blonden Typen erzählt hatte. Lola wurde neugierig und wollte die Gemälde (und den blonden Typ) selbst in Augenschein nehmen. Von beidem war sie nicht allzu sehr begeistert. Weder von den bunten Bildern noch von dem blonden Jüngling. »Er trug einen langen roten Bart«, erinnerte sie sich vor ein paar Jahren, »und er hatte keine Schuhe an. Er war sicher die Nummer eins unter all den verbotenen Dingen, die mir meine Eltern aufgeschrieben hatten, als ich von zu Hause in Utah ausgezogen war.« Sie ließ sich aber doch breitschlagen und zu einem Rendezvous überreden, vor allem deswegen, weil sie die Geschichte des Mannes interessierte.

Lola war Mormonin und kam aus einer sehr konservativen und bürgerlichen Familie in Provo, Utah. Sie war ein blondes hübsches Mädchen mit weichen Gesichtszügen und einem fröhlichen Lächeln, das Bob von Anfang an bezauberte. Sie war der erste Mensch, der Robert wirklich verstand und hinter den Eskapaden des jungen Rebellen und Aussteigers einen tieferen Sinn sah. Sie erkannte, daß ihm lediglich ein Ansprechpartner fehlte, mit dem er seine Sorgen und Probleme diskutieren konnte. Sie verstand es, sich in die Psyche des verhinderten Malers einzufühlen und ihm neuen Mut zu geben.

Die beiden verliebten sich ineinander, und Robert Redford sprang über seinen eigenen Schatten und beschloß, das blonde Mädchen um ihre Hand zu bitten. Seine Schüchternheit verbot es ihm, sie direkt anzugehen. Oder war es Angst vor der eigenen Courage? Er setzte sich jedenfalls nach New York ab, schlug sich dort wieder mit Gelegenheitsjobs durch und hängte sich eines Tages ans Telefon. »Ich habe 32 Dollar in Münzen bei mir«, sagte er,

»wir haben also Zeit, darüber zu diskutieren, ob wir heiraten sollten.« Lola war anderer Meinung. Sie war Romantikerin genug, sich auf einen Heiratsantrag per Telefon erst gar nicht einzulassen. Bob blieb gar nichts anderes übrig, als wieder nach Kalifornien zu fahren und Lola persönlich zu fragen. »Er kam nach Kalifornien«, erzählt sie, »und fragte: ›Wollen wir nun heiraten oder nicht?‹ Ich sagte: ›Ich weiß nicht.‹ Er antwortete: ›Ich gebe dir bis morgen Zeit. Wenn du dich dann nicht entschieden hast, fahre ich zurück nach New York!‹ Da stimmte ich zu, und wir heirateten. So einfach war das.«

Das frischgebackene Ehepaar fuhr nach New York und bezog eine Wohnung in der Upper East Side. Viel Geld hatten beide nicht, und ihre Wohnungseinrichtung bestand lediglich aus einem Matratzengestell, einem baufälligen Tisch und zwei Herdplatten. Lola nahm eine Stellung bei einer großen Bank an und verdiente das Haushaltsgeld, während Bob weiter von einer Zukunft als Maler träumte und am Pratt Institute Kunst studierte. Lola erkannte zwar, daß seine Arbeiten nicht gerade auf eine große Zukunft hoffen ließen, hütete sich aber, ihrem Mann den Mut zu nehmen. Sie wußte ja, wie leicht er aus der Fassung zu bringen war.

Robert Redford erinnert sich heute nicht mehr genau daran, wer ihn darauf brachte, sich als Schauspieler zu versuchen. Er weiß nur noch, daß es Bekannte waren. Sie scherzten eines Abends über sein gutes Aussehen und seine athletische Figur. »Mit dem Aussehen wäre ich schon lange ein Star«, sagte der Mann, und plötzlich erinnerte sich Lola auch daran, daß Bob zu gern in andere Rollen schlüpfte und bekannte Leute nachmachte. »Du kannst dich bewegen, und du kannst andere Menschen überzeugen«, sagte sie zu ihrem Mann. »Warum versuchst du es nicht einfach mal? Du hast sicher Talent.«

Bob war alles andere als begeistert, aber langweiliger als das trockene Studium am Pratt Institute konnte die Schauspielerei auch nicht sein, und er wollte es zumindest mal versuchen. Zur angesehenen American Academy of Dramatic Art kam er allerdings mehr durch Zufall. »Ihre Zeitungsanzeige war am größten«, erinnert sich Robert Redford.

Ohne Vorspielen ging natürlich gar nichts, und der Direktor trug ihm auf, eine lustige und eine ernste Szene zu lernen und in einer Woche wieder vorzusprechen. Bob machte sich an die Arbeit, ging mit den Büchern im Central Park spazieren und hielt Zwiesprache mit den Bäumen. Er war nicht gerade überzeugt von sich, »aber mir war sowieso alles egal, deshalb ging ich zur Academy. Der Lehrer machte mich ziemlich nervös, und der komische Monolog wurde ein ziemliches Desaster. Aber während der zweiten Szene schaute ich den Lehrer ständig an und wurde immer wütender auf ihn. Ich sollte jemanden hinauswerfen, und es klappte ziemlich gut.«

Der Lehrer war beeindruckt. Er ahnte ja nicht, warum der junge Mann so überzeugend gespielt hatte. Robert bekam seinen Studienplatz und beschäftigte sich von nun an mit den Klassikern des amerikanischen und englischen Theaters. Unnötig zu sagen, daß er von Theorie und Methodik wenig hielt und lieber so spielte, wie es aus ihm herauskam. »Ich konnte nie über die Schauspielerei sprechen. Auch heute noch nicht. Dieser ganze Kram von wegen Motivation und innerer Bedeutung ist doch Scheiße. Alle Kollegen, die mit mir in der Kneipe über solche Dinge sprachen, wußten auf der Bühne nicht mehr, was sie machen sollten.«

Anscheinend wußten die Lehrer an der Academy, wie sie den jungen Schauspielschüler zu nehmen hatten. Zum erstenmal in seinem Leben dachte Bob nicht daran, wegzulaufen und irgendwo anders nach Action zu suchen. Er kniete sich in die neue Aufgabe und wollte es endlich zu etwas bringen. Sein Lehrer Francis Letton erinnert sich daran, daß Bob es lieber mit den modernen Stücken wie *End-*

station Sehnsucht hielt, die ja auch besser zu einem jungen Rebell paßten als die Klassiker. »Ich erinnere mich noch daran, wie er die Ankündigung las, daß er in Tschechows *Die Möwe* mitspielte. Er war überhaupt nicht glücklich darüber. Sein Klassenkamerad Ron Liebman sagte zu ihm: ›Das ist eine tolle Rolle!‹ Redford sah ihn nur an und meinte: ›Nie davon gehört.‹«

Francis Letton sah die Talente seines neuen Schülers anders als er selbst und besetzte noch drei weitere klassische Rollen mit ihm. Es spricht wohl für den Lehrer, daß Robert dabei nicht die Lust verlor. Im Gegenteil, am Ende der Ausbildung wußte er diese Entscheidung sogar zu schätzen. Francis Letton: »Sein Talent verlangte, daß man auch Rollen mit ihm besetzte, die jenseits seiner Erwartung lagen. Er war damals ein bißchen verwirrt über diese Entscheidung, aber er kam erst kürzlich zu uns und erzählte den Schülern, daß er es nachträglich als große Ehre empfand, die klassischen Rollen zu spielen.« Zum Beispiel den Kreon in *Antigone*. »Ich halte Bob für ein großes Talent«, schrieb Letton in seiner Beurteilung. »Er kann sich bewegen, und er hat Mut. Er ist von ehrlichem Zorn erfüllt und versteht ihn einzusetzen. Er hat keine Angst, schön oder häßlich zu sein. Er erfaßt den Charakter einer Rolle sehr schnell. Er kann so ziemlich alles spielen und sollte noch nicht festgelegt werden.« Andere Lehrer verglichen ihn sogar mit Spencer Tracy, der seine Ausbildung an derselben Schule abgeschlossen hatte.

Robert Redfords Meinung über die Academy war zweigeteilt. Nach der Ausbildung sagte er: »Die Academy lehrte mich, daß man nur so gut sein kann, wie man es wagt, schlecht zu sein. Mir wurde die Angst genommen, vor vielen Leuten zu spielen. Sie nannten es ›aus sich selbst heraustreten‹. Sie hatten eine Menge schlauer Ausdrücke für solche Dinge. Ich eignete mir an, was immer die Schule zu bieten hatte. Von Lernen konnte eigentlich keine Rede sein. Ein Schauspieler muß sich auf seinen Instinkt verlassen, und den kann man nicht erlernen. Ich habe mit Schauspielern gearbeitet, die bei Strasberg ausgebildet wurden, sie waren mir zu mechanisch. Sie richten sich nach einer Formel, die meiner Meinung nach nicht richtig ist. Ich glaube nicht, daß die Schauspielerei mit technischen Methoden zu lernen ist. An der Academy hatte ich genügend Freiheit, um mich als Schauspieler zu entfalten, aber ich lernte nicht, wie man spielt.«

Schon während der *Antigone*-Aufführung war Redford einem Agenten aufgefallen, der sich fast jedes Stück der Schule ansah, um nach neuen Talenten Ausschau zu halten. »Den Jungen muß ich haben«, sagte Stark Hasseltine und blieb dem blonden Jungen auf den Fersen. »Bei einer Aufführung spielte Redford den Gast in einigen Party-Szenen«, sagte Hasseltine. »Er öffnete nicht mal den Mund, aber ich sah eine solche Präsenz, eine so starke Konzentration, daß ich die Augen nicht von ihm wenden konnte.«

Unabhängig und selbständig, wie Redford war, sah er nicht ein, warum man als Schauspieler einen Agenten brauchte. Hasseltine erklärte es ihm und nahm ihn unter Vertrag. Er war als gewiefter Verhandlungspartner bekannt und hatte gute Beziehungen zu allen Broadway-Bühnen, ein Vorteil, den auch Bob zu schätzen wußte.

Seine erste Bühnenrolle hatte er allerdings einem früheren Lehrer zu verdanken. Zwei Jahre hatte Bob an der Academy studiert, als Mike Thoma das Management des Broadway-Stückes *Tall Story* übernahm. Herman Shumlin, der Regisseur, suchte nach einigen Schauspielern für eine Massenszene, »sportlichen Jungs, die mit einem Basketball umgehen konnten«. Robert Redford zögerte keine Sekunde. Er zog einen Pullover über, um jünger auszusehen, und sprach bei dem Theater vor. Herman Shumlin nahm ihn unter Vertrag. »Dabei war Basketball der einzige Sport, in dem ich nicht an der High School geglänzt hatte«, meint Robert lächelnd.

Die Rolle war nicht besonders groß, genauer gesagt, sie war klitzeklein. In dem Stück ging es um eine Basketballmannschaft, deren bester Spieler wegen schlechter schulischer Leistungen suspendiert werden sollte. Bob hatte nichts anderes zu tun, als mit dem Ball über die Bühne zu dribbeln und zu rufen:»He, sie sind da drinnen!« Nicht gerade eine Herausforderung für einen hungrigen Jungschauspieler, aber irgendwo mußte ja mal ein Anfang gemacht werden.

Der Lohn folgte auf dem Fuße. Obwohl seine Rolle nur so klein gewesen war, zeigte sich der Regisseur begeistert. »Er wirkte sehr glaubhaft«, meinte er nach einigen Aufführungen. Dieser Meinung war auch Ruth Frankenstein, die für die Besetzung des Stückes *The Highest Tree* verantwortlich zeichnete. Sie verpflichtete den jungen Bob neben damals so bekannten Stars wie Natalie Schafer und Elizabeth Ashley. An der Seite von Elizabeth Ashley sollte Robert Redford einige Jahre später seinen ersten großen Erfolg in dem Stück *Barefoot in the Park* feiern, das auch verfilmt wurde.

In *The Highest Tree* ging es um einen Atomphysiker, der von seinem Arzt erfährt, daß er nur noch sechs Monate zu leben hat. In der verbleibenden Zeit will der Wissenschaftler sein Gewissen erleichtern und wieder gutmachen, was er mit seinen Atomtests angeblich falsch gemacht hat. Redford spielte wieder nur eine kleine Rolle, hatte aber immerhin schon sechs Zeilen Dialog zu sagen. Nicht genug, um den Autor und Regisseur Dore Schary zu überzeugen. Die Hauptdarstellerin Natalie Schafer erinnert sich:»Schary war eigentlich kein Regisseur. Es war sehr schwer für Bob, weil die Regie sehr schwach und er ein Anfänger war. Er war so nervös, daß jeder glaubte, es sei sein erstes Stück. Schary meckerte dauernd an ihm herum und wollte ihm seine Vorstellungen von der Rolle aufzwingen. Das machte Bob sehr unsicher. Er war damals noch nicht selbstsicher genug, um zu streiten.«

Während der Proben zu *The Highest Tree,* das übrigens schon nach ein paar Wochen abgesetzt wurde, bekam Lola Redford ihr erstes Baby, einen Sohn. Die glücklichen Eltern einigten sich auf den Namen Scott. Sie hatten sich das Kind so sehr gewünscht, daß sie jetzt fast jede freie Minute mit ihm verbrachten. Der Kleine brachte viel Abwechslung in das Leben der beiden, und da jetzt auch die Kasse einigermaßen stimmte, fehlte zum Glück eigentlich nichts mehr.

Ein tragisches Schicksal wollte es jedoch anders. Eines Nachts, seit der Geburt waren ungefähr zwei Monate vergangen, wachte Lola plötzlich aus einem unbestimmten Grund auf. Sie blickte sich verstört um und stieg aus dem Bett. Was hatte sie geweckt? Sie hatte nicht geträumt, und im Haus war es mucksmäuschenstill. Zu still vielleicht. Sie schlich auf Zehenspitzen ins Kinderzimmer und sah nach dem Kind. Der kleine Scott rührte sich nicht. Sie wurde unruhig. Sonst hatte sie doch immer die Atemzüge des Kleinen gehört, und im Licht der Nachttischlampe, die sie immer auf den Boden stellte, waren sogar die Atemzüge zu sehen gewesen. Sie nahm den Kleinen auf den Arm. Immer noch nichts, kein Atemzug, kein Laut. Panik stieg in ihr auf. Sie schrie nach ihrem Mann, und der rief sofort nach einem Arzt, aber der kleine Scott war nicht mehr zu retten. Er war an der geheimnisvollen Krankheit gestorben, die man »plötzlichen Kindstod« nennt.

Bob und Lola waren schwer getroffen. Warum hatte das Schicksal ausgerechnet ihr Kind ausersehen? Fünfzehntausend Babies sterben in den USA jährlich an dieser Krankheit, warum war ausgerechnet der kleine Scott dabei? Es gab keine Antwort auf diese Frage, und auch die Ärzte konnten den Eltern nicht erklären, warum ausgerechnet ihr Kind dieser geheimnisvollen Krankheit zum Opfer gefallen war. Noch heute rätseln die Ärzte über den unerklärlichen Tod so vieler Babies, die ohne Vorwarnung erkranken und sterben.

Robert Redford und Kenneth McKenna in ›The Highest Tree‹.

In ihrer Trauer flohen Bob und Lola nach Europa. Sie
wußten, daß man vor dem Schmerz und der Wirklichkeit
nicht davonlaufen kann, aber sie waren auch nicht fähig zu
arbeiten und wollten Abstand gewinnen. Auf Kreta und in
Spanien fanden sie die Ruhe, die sie nach diesem Schick-
salsschlag dringend brauchten. Sie machten lange Strand-
spaziergänge, trieben Wassersport, taten alles, um sich ab-
zulenken.

Erst ein Jahr später kehrten sie nach Amerika zurück. Bob ging nach Los Angeles und übernahm kleinere Parts in bekannten Fernsehserien wie *Perry Mason, The Deputy* und *Tate* – keine anspruchsvollen Stücke, aber die idealen Vehikel, um einen jungen Schauspieler bekannt zu machen. Die Arbeit des Agenten Hasseltine machte sich langsam bezahlt. Bob hatte ein ausgezeichnetes Verhältnis zu seinem Geschäftspartner, der auch Verständnis dafür aufgebracht hatte, daß Bob und Lola nach dem Tod ihres Kindes erst mal Abstand gewinnen mußten, auch wenn dadurch die Karriere in Gefahr gebracht wurde.

Aber die Produzenten in den Filmstudios und Theaterbüros hatten den blonden Schauspieler nicht vergessen. Nach dem Fernsehen rief wieder das Theater, und Bob kehrte an den Broadway zurück und übernahm eine Rolle in dem Stück *Little Moon of Alban*. In dem Schauspiel ging es um eine junge Krankenschwester, deren Freund während der irischen Revolution von einem britischen Soldaten erschossen wird. Ein paar Jahre später verliebt sie sich in den Mörder ihres Liebhabers. Redford spielte den Liebhaber, die weibliche Hauptrolle wurde mit Julie Harris besetzt, die bereits ein Star war.

Als Regisseur des Stückes zeichnete Herman Shumlin verantwortlich, derselbe Herman Shumlin, der Redford schon als Basketballspieler für *Tall Story* verpflichtet hatte. Er hatte nicht vergessen, welchen Eindruck der junge Schauspieler auf ihn gemacht hatte. Noch besser gefiel Redford ihm in *Little Moon of Alban*. »Er war sehr glaubwürdig in der Rolle. Ich sagte zu ihm: ›Sie können werden, was Spencer Tracy für das Theater war. Wenn Tracy auf die Bühne trat, verschwand das Theater. Ihm gehörte die Bühne ganz allein. Ich glaube, Sie haben dieselben Qualitäten.‹ Redford starrte mich nur an, er glaubte mir nicht.«

Auch Herman Shumlin konnte allerdings nicht verhindern, daß es zwischen dem jungen Schauspieler und Julie Harris zu Spannungen kam. »Am ersten Tag kam sie ohne

Robert Redford und Julie Harris in ›Little Moon of Alban‹.

Skript zur Probe«, erinnert er sich, »sie konnte alles auswendig. Ich bin mehr für Überraschungen und lasse den Charakter meiner Rolle in mir wachsen. Auch auf der Bühne kommt es bei mir immer wieder zu Veränderungen. Ihre Sätze schienen jedoch alle in Zement gegossen. Es gab keinen Raum für spontane Reaktionen zwischen uns.«

Julie Harris klagte aus ganz anderen Gründen: »Er schien vor mir Angst zu haben. Ich war für ihn so eine Art Denkmal. Es ist lächerlich, vor irgend etwas Angst zu haben. Redford war sehr furchtsam. Ich dachte, er ist ein Schauspieler und sollte wissen, daß wir ein Liebespaar darstellen. Aber ich sah keine Reaktion bei ihm. Da übertrieb ich ein bißchen, um ihn aus der Reserve zu locken, aber da war immer diese Mauer zwischen uns.« Eine Mauer, die auch Herman Shumlin sah. »Ich sagte zu Redford, daß er in den gemeinsamen Szenen mit Julie Harris nie so gut spielte, wie ich es von ihm gewohnt war. Er schien Angst vor ihr zu haben. In ihren gemeinsamen Szenen waren sie nie gleich gut.«

Nachdem das Stück ohne großen Erfolg am Broadway gelaufen war, flog Redford erneut an die Westküste, um einige Rollen in Fernsehserien zu übernehmen. Diesmal waren es *Naked City Route 66* und ein Hitchcock-Kurzkrimi, in den USA damals sehr erfolgreiche Programme, die von einer großen Anhängerschar verfolgt wurden und Bob viel Geld brachten. Sie machten ihn so populär, daß nun auch der Film endlich bei ihm anklopfte und er seine erste Rolle in einem Spielfilm bekam.

War Hunt erzählte die Geschichte eines Psycho-Killers in Uniform (John Saxon), der an der Front in Korea dient und nachts allein in den Dschungel schleicht und Feinde mit dem Stilett tötet. Neben den Leichen bleibt er oft stundenlang sitzen und meditiert. Die Kameraden gehen ihm aus dem Weg, auch Private Roy Loomis (Robert Redford), der erst vor kurzem zu der Einheit gestoßen ist. Sie sind dafür, den Killersoldaten in eine Nervenklinik zu schicken, aber Captain Pratt weigert sich beharrlich. Raymond Endore, so heißt der Killer, hat einen koreanischen Waisenjungen adoptiert und wacht eifersüchtig über ihn. Als Loomis sich dem Jungen nähert, geht Endore sogar mit dem Messer auf ihn los. Der Junge war dabei, als seine Eltern erschossen wurden. Vollkommen aus der Bahn wirft ein überraschender Waffenstillstand den Psycho-Killer. Er schnappt sich den Jungen und flieht in den Dschungel, verfolgt von Pratt, Loomis und einem Sergeant. Die drei finden den Soldaten auf einem Hügel, und es kommt zu einem Handgemenge, in dessen Verlauf er stirbt. Der koreanische Junge bleibt allein auf dem Schlachtfeld zurück.

Robert Redford in einer Szene von ›War Hunt‹

War Hunt wurde in drei Wochen im Sommer 1961 gedreht. Robert Redford, der Hollywood ja aus eigener Anschauung kannte und viel Gedonner und Gedöns und einen falschen Himmel erwartet hatte, fand sich zu seiner Überraschung in einer hart arbeitenden Crew wieder, die keine Zugeständnisse an sogenannte Stars machte, weil einfach nicht genug Geld da war. Die Schauspieler bereiteten ihr Essen zu, halfen den Kameraleuten und Beleuchtern und fuhren Jeeps der Armee im Gelände herum. »War ein gutes Gefühl«, sagt Redford heute, »aber ich glaubte einfach nicht, in Hollywood zu sein.«

Der Film wurde ein mäßiger Erfolg, spielte aber sein Geld ein und stellte die Produktion zufrieden. Auch Bob war mit sich zufrieden, aber er wagte nicht, sich den Film im Kino anzuschauen. »Ich hatte Angst, daß irgend jemand im Publikum eine blöde Bemerkung macht, so wie wir es früher immer im Kino taten.«

Es ging aufwärts mit Robert Redford. Die Angebote häuften sich, und er war schon fast soweit, sich die Rollen aussuchen zu können. Auch privat war alles im Lot. Lola und Bob verstanden sich großartig, und ihre Freude war groß, als Lola einer Tochter das Leben schenkte. Shauna blieb von geheimnisvollen Krankheiten verschont und wuchs zu einem bildhübschen Mädchen heran, auf das Bob auch heute noch sehr stolz ist. Später sollte Shauna noch zwei Schwestern bekommen, die Jamie und Amy getauft wurden und ebenfalls vor Gesundheit strotzten. Nach der unruhigen Jugend und dem tragischen Tod seines Sohnes hatte sich das Blatt für Robert Redford gewendet, und die Zukunft sah jetzt mehr als rosig aus.

Vielleicht wollte Bob deshalb in einer Komödie spielen. Entgegen der Ratschläge vieler Kollegen und Produzenten trug er seinem Agenten auf, nach einer geeigneten Rolle zu suchen. Auch Stark Hasseltine empfahl Redford, vom frischen *War Hunt*-Ruhm zu profitieren und weiter harte Männer zu spielen, um sich einen Namen beim Publikum zu machen, aber Bob blieb stur. »Schauspielern ist schauspielern«, sagte er.

Ein paar Wochen später rief Hasseltine in Hollywood an und erzählte Redford, daß David Merrick die Komödie *Sunday in New York* am Broadway produziere und bereit sei, ihn vorspielen zu lassen. Aber, so fügte er gleich hinzu, auch Merrick halte Redford nicht für den richtigen Mann, und er sei nicht bereit, das Flugticket zu bezahlen. Das kümmerte Bob wenig. Er bezahlte selbst, flog nach New York und bekam die Rolle. »Allerdings nur«, so vermutete Redford, »weil ich Merrick an den jungen Spencer Tracy erinnerte.«

Sunday in New York wurde ein respektabler Erfolg, und Robert Redford bekam gute Kritiken. »Miß Pat Stanley und Robert Redford spielen sehr engagiert«, schrieb John Chapman in den *Daily News.* »Die beiden gehen diese extravagante Komödie richtig an. Sie verbreiten eine erfreuliche Aura der Unschuld ...« Weniger erfreulich war, daß während einer Vorstellung gleich 150 Besucher auf einmal das Theater verließen. Die Schauspieler vergaßen vor lauter Schreck beinahe ihren Text, aber nach der Aufführung stellte sich heraus, daß es sich bei den 150 Zuschauern um Schülerinnen aus einer katholischen Klosterschule handelte. Ihre Lehrerin hatte keine Ahnung gehabt, daß es in *Sunday in New York* um zwischenmenschliche Beziehungen ging, um Sex nämlich.

Vor neuen Fernsehaufnahmen in Hollywood machte Robert Redford erst einmal Ferien. Er fuhr nach Utah und besuchte die Eltern seiner Frau. Schon nach wenigen Tagen rief er seine Frau an und bat sie, mit der kleinen Shauna nachzukommen. Er war begeistert vom Heimatstaat seiner Frau, fand die Berge und Täler noch aufregender als in Colorado. »Alle Touristen fahren in die Rocky Mountains«, sagte er, »aber wenn man erst mal dort ist, halten sie nicht mehr, was sie versprechen. Die Adirondacks und die Appalachians sind langweilig, die meisten anderen Gebirge auch. Ich war fast überall in Amerika und muß sagen, daß mir die Wasatch Mountains in Utah am besten gefallen.« Das mit den Rocky Mountains mag ein bißchen übertrieben sein, aber unbestritten bleibt, daß Bob in den Wasatch Mountains ein Paradies gefunden hatte. Sein Paradies, denn er beabsichtigte nicht, es wieder zu verlassen. Er wollte ein Haus bauen und sich mit seiner Familie in diesem Teil der USA niederlassen.

So geschah es. Die Redfords brüteten tagelang über Bauplänen und legten den Grundstein für ein gemütliches Giebelhaus, in dem sie heute noch wohnen. Es liegt ungefähr neunzig Meilen von Salt Lake City entfernt in einem Canyon der Wasatch Mountains, und kaum einem Journalisten und geschweige denn einem Fan ist es bis jetzt gelungen, zu diesem Haus vorzudringen. Die Redfords lieben ihre Privatsphäre und wachen eifersüchtig darüber, daß die Medien und die Fans ihnen nicht zu dicht auf den Pelz rücken. Wer sich aber ein ungefähres Bild über die Gegend machen möchte, in der die Redfords zu Hause sind, braucht sich nur den Film *The Electric Horseman* mit Robert Redford und Jane Fonda anzuschauen. Der moderne Western wurde in den Wasatch Mountains gedreht.

Das Haus war gerade halb fertig, als ein Anruf des Regisseurs Mike Nichols kam. Er wollte ihn für die Hauptrolle in der Broadway-Komödie *Barefoot in the Park* (Barfuß im Park) verpflichten. Das Stück basierte auf einem Drehbuch des Erfolgsautors Neil Simon und garantierte einen überwältigenden Erfolg. Jeder Schauspieler zwischen New York und Hollywood riß sich um die Rolle. Für die weibliche Hauptrolle war bereits Elizabeth Ashley verpflichtet worden, als Mike Nichols sich an einen blonden Schauspieler erinnerte, den er in einigen Fernsehrollen gesehen hatte. »Ich war der festen Überzeugung, daß er der richtige für die Rolle war«, sagt Mike Nichols, aber Redford war sich nicht sicher. Er glaubte nicht, daß Elizabeth Ashleys und sein Stil zusammenpaßten.

Dafür, daß Bob die Rolle dann doch annahm, gab es einen triftigen Grund: das liebe Geld. »Lola und ich waren pleite. Wir hatten unser ganzes Geld in das Haus gesteckt. Die Scheine, die ich beim Fernsehen verdient hatte, einen Teil der Filmgage und den Erlös aus dem Verkauf eines Grundstücks, das ich in Texas geerbt hatte.« Die Redfords brauchten das Geld, das Mike Nichols ihnen versprach, und der junge Schauspieler, der bisher nur in mäßig erfolgreichen Stücken und Filmen mitgewirkt hatte, brauchte einen großen Erfolg.

Robert Redford sagte zu, aber in Gedanken blieb er immer bei seinem halbfertigen Haus in Utah. »Ich arbeitete bis halb vier Uhr früh an dem Haus, bevor ich das Flugzeug nach New York bestieg, um an den Proben teilzunehmen. Und da war ich wieder in New York, und alle redeten so schnell, und es ging ständig ums Theater. Alles erschien mir so unwirklich. Ashley drehte einen Film und soundso spielte Repertoire und Nichols heiratete *yackety-yack* – und ich dachte immer nur: Ich baue ein Haus! Ich brachte die Steine einfach nicht aus meinem Kopf.« Kein Wunder, daß sich verschiedene Leute Gedanken machten, ob Redford wirklich der richtige Mann war.

»Nachdem wir einige Szenen probiert hatten«, erzählt Mike Nichols, »kamen der Bühnenmanager und einige andere zu mir und sagten, daß das Mädchen gut und Mildred Natwick wunderbar sei, aber sie machten sich Sorgen um Redford, er mache einen so verdammt ruhigen Eindruck. Ich sagte ihnen, daß er Zeit brauche. Er schauspielerte nicht für die anderen, sondern arbeitete an dem Charakter. Ich war meiner Sache sicher, ich wußte, daß er die Rolle meistern würde.«

Barefoot in the Park erzählt von einem jungverheirateten Paar (Elizabeth Ashley und Robert Redford), das in ein Mietshaus im New Yorker Künstlerviertel Greenwich Village zieht. Die muntere Corie ist begeistert von der Wohnung, in der so ziemlich alles fehlt, aber ihr Mann, der eher bürgerlich veranlagte Rechtsanwalt Paul, meldet doch ernsthafte Bedenken an. Desgleichen Mrs. Banks (Mildred Natwick), die Mutter der lockeren und lebenslustigen Braut.

In dem Haus geschehen seltsame Dinge. Der gute Velasco, als »Blaubart der East 10th Street« bekannt, muß zum Beispiel durch das Apartment des frischgebackenen Paares, um in seine eigene Wohnung zu kommen. Corie erschrickt fürchterlich, glaubt aber auch, in dem schrulligen Velasco den richtigen Mann für ihre Mutter zu sehen. Sie trifft eine Verabredung zum Essen, von der Mrs. Banks nicht allzu begeistert ist.

Nach einigen Tagen kommt es zum Ehekrach. Corie klagt ihren Mann an, sich niemals gehenzulassen und verrückte Dinge zu tun, er sei nicht mal barfuß durch den Park gelaufen. Sie verlangt die Scheidung. Paul sucht sein Heil im Alkohol und taumelt nachts betrunken und barfuß durch den Park, wo ihn die inzwischen besorgte Corie aufgabelt. Sie brauche keinen verrückten Mann, sagt sie, und alles ist wieder in Butter. Auch mit Mrs. Banks und Velasco, die inzwischen Gefallen aneinander gefunden haben und sich verabreden.

Paraderollen für zwei junge Schauspieler, die mit diesem Stück auf Anhieb berühmt werden konnten, aber die Straße zum Erfolg war mit Steinen übersät. Wieder einmal kam Robert Redford nicht mit seiner Partnerin zurecht. »Das Problem bestand darin, daß Elizabeth Ashley für das Publikum spielte«, sagt Mike Nichols, »sie bekam natürlich donnernden Applaus. Das Publikum spricht auf junge und hübsche Mädchen an, und Elizabeth spielte die meiste Zeit im Slip, und die Rolle war ziemlich halbseiden. Redford dagegen ging ehrlich und ehrenhaft an seine Rolle heran und spielte nur für die Ashley und die anderen Schauspieler. Er ging vollkommen unter. Ich ging also zum Essen mit ihm. Ich kannte das Problem, war selbst einmal damit konfrontiert gewesen, als ich den männli-

Robert Redford und Elizabeth Ashley.

chen Part eines Comedy-Teams gespielt hatte. Ich sagte zu
ihm: ›Du kannst keine Schlacht gewinnen, wenn du gar
nicht weißt, daß eine Schlacht stattfindet. Wenn zwei
Schauspieler auf der Bühne stehen, findet immer ein
Kampf um die Aufmerksamkeit des Publikums statt, auch
wenn die Schauspieler noch so gute Freunde und Kollegen
sind.‹ Und ich sagte ihm, daß er doch genausogut wie ich

wußte, daß er die Ashley von der Bühne spielen konnte. Um das zu tun, mußte er nur wissen, daß ein Kampf auf der Bühne stattfand.

Ich erinnere mich noch deutlich daran, daß er bereits am selben Abend seinen Einfluß auf der Bühne vergrößerte. Er spielte nicht für das Publikum, das ließ sein Stolz nicht zu und das hatte ein Mann seines Talents auch gar nicht nötig, aber schon dieser kleine Wandel in seinem Auftreten machte einen großen Unterschied aus. An diesem Abend war von der Ashley überhaupt nichts zu sehen. In den Tagen darauf balancierten wir die Sache etwas aus und hatten nie mehr Probleme.«

Der Kampf um die Vorherrschaft auf der Bühne wurde von der Presse damals zum Anlaß genommen, Elizabeth Ashley und Robert Redford auch eine private Fehde anzudichten. »Das war niemals wahr«, wehrte sich Robert Redford, »die ganze Sache wurde wahnsinnig aufgebauscht. Ich mochte sie wirklich. Leider bekam sie irgendeine Äußerung von mir in den falschen Hals, oder jemand zitierte mich falsch, egal, sie bekam jedenfalls den Eindruck, ich machte sie in der Öffentlichkeit schlecht. Dann trat sie in irgendeiner Fernsehshow auf und beklagte sich darüber, daß ich so unhöflich gewesen sei und so furchtbare Dinge über sie gesagt habe. Ihr ging die Sache offensichtlich sehr nahe, und ich wollte ihr schon einen Brief schreiben, aber ich ließ es dann doch.«

Allerdings war mit der Ashley auch nicht leicht auszukommen, und das wußte sie selbst. »Ich war in psychiatrischer Behandlung, fühlte mich aber immer noch nicht wohl. Ich war erst 24, war aber irgendwie von der Rolle. Alle Frustrationen lud ich bei meinen Bekannten ab. Robert Redford und Mildred Natwick ... ich machte beiden das Leben unwahrscheinlich schwer. Ich kann das alles jetzt nicht mehr gutmachen, aber ich hoffe, die beiden haben Verständnis für mich.«

Barefoot in the Park wurde zu einem sensationellen Er-

Robert Redford und Elizabeth Ashley kamen nicht besonders gut miteinander aus.

folg. Zum erstenmal war Robert Redford gezwungen, über Monate hinweg dasselbe Stück zu spielen. Abend für Abend, und es wären vier Jahre daraus geworden, hätte er nach einem Jahr nicht das Handtuch geworfen. »Ich begann bereits, mir kleine Unfälle und Probleme auszudenken, um die Monotonie zu durchbrechen«, sagte er, »wenn ich mal nur mit einem Schuh auf die Bühne kam, brachte das wenigstens ein bißchen Farbe. Ansonsten wurde die Sache nach ein paar Monaten ziemlich steif.« Robert Redford wurde am 5. September 1964 durch Robert Reed abgelöst. Die Vorstellung am Abend zuvor war zugleich sein letzter Theaterauftritt, denn er sollte von nun an nur noch im Fernsehen und auf der Leinwand zu bewundern sein.
Das Fernsehen rief zuerst. Erneut besserte Robert Redford seine Haushaltskasse mit Gastspielen in bekannten

Robert Redford und Patricia Blair in einer Folge des ›Virginian‹.

Serien auf, diesmal in *The Untouchables, Dr. Kildare* und
der auch in unseren Breiten gelaufenen Westernserie *The
Virginian*. Die Produzenten von *The Virginian* boten ihm
sogar einen Dauerjob an, für sage und schreibe 150 000
Dollar, aber Bob war nicht versessen darauf, fünf Jahre
lang in Cowboytracht herumzulaufen. Er hatte es auch
nicht mehr nötig. Die Gagen waren auch beim Theater

Zwiegespräch mit einem Elch – eine Szene aus ›Situation Hopeless‹ – But Not Serious (Situation hoffnungslos, aber nicht ernst).

und bei Gastspielen im Fernsehen nicht zu verachten, und dann war ja da noch der Film. Ihm wurde eine Hauptrolle in dem Streifen *Situation Hopeless – But Not Serious* (Lage hoffnungslos, aber nicht ernst) angeboten, einer Komödie, die in München unter deutscher Regie abgedreht wurde.

»Ich filme gern *on location*«, sagt Robert Redford auch

heute noch, »man lernt eine Menge. Ich spreche verhältnismäßig gut deutsch, weiß über die Kultur Bescheid, und ich traf natürlich viele interessante Leute.« Als angehendem Star ging es Bob sehr viel besser als während seines ersten Aufenthalts in Europa, aber er beklagt sich nicht über seine Hungerjahre. »Ich hatte es nicht leicht damals in Europa, aber mein Aufenthalt hat mir sehr viel Spaß gemacht. Jeder ist mal unglücklich, wenn er erwachsen wird. Als ich zu den Dreharbeiten nach Deutschland flog, konnte ich natürlich einige Dinge tun, die ich damals aus Geldmangel nicht tun konnte. Ich mußte keinen Hunger leiden und all das. Ich ging auch mal in gute Restaurants und bewegte mich eine Ebene höher. Ich bekam die Chance, das fortzuführen, was ich früher begonnen hatte. Die Dreharbeiten zu dem Film machten mir allerdings am wenigsten Spaß.«

Dabei wartete *Situation Hopeless – But Not Serious* mit einer interessanten Story auf. Im November 1944 wird das deutsche Städtchen Altheim von amerikanischen Flugzeugen angegriffen. Die beiden Flieger Lucky (Michael Connors) und Hank (Robert Redford) werden abgeschossen und von dem exzentrischen Herrn Frick in dessen Keller versteckt. Frick versorgt die beiden Amerikaner und findet so großen Gefallen an ihnen, daß er sie auch nach Kriegsende »unter Verschluß« hält. Er füttert sie mit erfundenen Kriegsgeschichten und macht ihnen weis, Deutschland gewinne den Krieg. Erst sechs Jahre später kommen die beiden frei. Sie sehen den Wohlstand und glauben tatsächlich an einen deutschen Sieg. Am Bodensee »kämpfen« sie sich an einer SS-Einheit vorbei, die allerdings nur aus Komparsen für einen Kriegsfilm besteht. Wieder in »Freiheit«, feiern sie eine verspätete Siegesparty.

Situation Hopeless – But Not Serious bot alle Voraussetzungen für eine ironische Komödie, und Alec Guinness in der Rolle des Frick war eine Paradebesetzung, aber der

Regisseur und Produzent Gottfried Reinhardt machte daraus ein etwas hölzern wirkendes Desaster. Robert Redford: »Er war ein bißchen schwerfällig, und sein Timing erschien mir zu teutonisch. Für andere Filme mochte es richtig gewesen sein, für diesen Streifen aber erschien es mir falsch. Und seine Kameraarbeit war mir zu statisch und konventionell.«

Konsequenterweise wurde der Film nicht in den Verleih gebracht und nur für kurze Zeit in Amerika gezeigt. Er bekam so schlechte Kritiken, daß alle Kopien in den Keller der Produktionsfirma gebracht wurden und dort wohl noch heute liegen. Zum Glück für Redford und die beiden anderen Hauptdarsteller waren sich alle Kritiker darin einig, daß die Schauspieler keinerlei Schuld an der Pleite traf.

Shauna, Lola, Jamie, Robert Redford, Michael Connors und Frau bei einem Spaziergang durch München.

Robert Redford beschloß, von nun an noch vorsichtiger bei der Auswahl seiner Rollen zu sein, und setzte sich erst mal wieder nach Europa ab. Er reiste mit seiner Familie durch Italien, Deutschland und Frankreich und machte sich Gedanken über seine Zukunft. »Ich hielt die Schauspielerei nie für einen besonders angenehmen Beruf«, sagte er später. »Als Kind hatte ich nie besonders viel Respekt für Hollywood. Die ganze Sache schien mir zu oberflächlich. In einem guten Film sollte man meiner Meinung nach beides finden: Unterhaltung und Information. Darum geht es doch. Wenn man einen Film mit einer starken sozialen oder politischen Aussage macht, sollte man nicht predigen, sondern humorvolle Szenen einbauen. Aber erzählen Sie das mal den Leuten.« Erst viele Jahre später gelang es Redford, diese Maxime mit Filmen wie *Brubaker* und *The Electric Horseman* in die Tat umzusetzen.

Bob suchte sich seine Rollen aus und konnte es sich leisten, einen Film wie *The Graduate* (Die Reifeprüfung) abzulehnen. Nicht weil er an der Qualität des Drehbuchs oder des Regisseurs zweifelte, schließlich hatte er unter Mike Nichols seinen größten Theatererfolg gefeiert. Er hielt sich für die falsche Besetzung und trat die Rolle lieber an Dustin Hoffman ab, der damit zum Weltstar wurde.

Robert Redford hielt die Rolle eines Homosexuellen in *Inside Daisy Clover* (Verdammte süße Welt) für wesentlich interessanter. Dazu kamen die für damalige Verhältnisse sehr hohe Gage von 75 000 Dollar und die weibliche Hauptdarstellerin Natalie Wood, die seit *West Side Story* zu den meistgefragten von Hollywood gehörte und einen Erfolg garantierte.

Natalie Wood spielte eine fünfzehnjährige Halbstarke, die nicht viel vom Leben erwartet und aus lauter Langeweile eine Schallplatte aufnimmt. Sie schickt die Scheibe aus Jux und Dollerei an eine Filmfirma, die aufmerksam auf das junge Talent wird und sie nach Hollywood einlädt. Der Test verläuft positiv, und sie bekommt einen Vertrag

Publicity-Foto für ›Inside Daisy Clover‹ (Verdammte süße Welt).

Während der Premierenfeier zu ihrem ersten Film trifft sie den Star Wade Lewis (Robert Redford) und verbringt den Abend mit ihm. Daisy verliebt sich in ihn, aber Wade betrachtet das junge Mädchen nur als Abwechslung und verläßt sie immer wieder. Auch als sie zum neuen weiblichen Star der Company wird, zeigt er kein großes Interesse an ihr. Ganz im Gegenteil zum großen Boss. Der Mogul Raymond Swan hält es für publicityträchtig, wenn die beiden heiraten, und schafft es tatsächlich, die beiden vor den Friedensrichter zu bringen. Wade verläßt seine Frau schon in der Hochzeitsnacht.

Daisy versucht, ihre Karriere wieder in Gang zu bringen, aber nichts gelingt ihr, und Wade bleibt verschollen. Sie läuft von den Dreharbeiten weg und begeht einen Selbstmordversuch, aber selbst der mißlingt ihr. Swan droht, ihre Karriere zu zerstören, wenn sie nicht nach Hollywood zurückkehrt. So geschieht es. Das Happy-End bleibt aus, und Daisy Clover kehrt in die Welt zurück, aus der sie gekommen ist – sie ist jetzt siebzehn.

Im Drehbuch war Wade Lewis ein Homosexueller, aber Redford spielte die Rolle anders, differenzierter. »Ich spielte keinen Homosexuellen. Ich kannte Hollywood gut genug, um zu wissen, daß die meisten Stars narzißtisch veranlagt sind. Sie wollen nur nehmen, aber nie geben. Niemand erklärte sich mit dieser Interpretation der Rolle einverstanden. Ich sagte zu Alan Pakula, dem Produzenten: ›Gavin Lambert legte Wade als Homosexuellen an, vielleicht hegt er ja auch starke Gefühle in dieser Richtung, aber wenn Sie die Rolle so anlegen wollen, mache ich nicht mit.‹« Pakula ließ seinen Hauptdarsteller gewähren, baute aber nachträglich eine Szene ein, die Wade als Homosexuellen hinstellt. Redford war außer sich. »Durch diese Szene wurde dem Charakter alles genommen, denn ich hatte ihn ja anders angelegt. Die Filmleute wollten irgend etwas Schockierendes, um den Film interessant zu machen. Und ich erinnere mich, daß ich ziemlich wütend war, weil das ohne mein Wissen geschah. Es war einfach nicht fair. Zuerst ließen sie mich gewähren, und dann ändern sie nachträglich alles und interpretieren die Rolle ganz anders. Nach diesem Vorfall war ich nicht gerade begierig darauf, als Schauspieler weiterzumachen und machte erst mal Pause.«

Der Film wurde kein besonders großer Erfolg, obwohl er

später häufig im Fernsehen gezeigt wurde, auch bei uns in Deutschland. Und Redford bekam nachträglich recht. Die Kritik lobte Natalie Wood und Robert Redford, ließ sich aber auf hämische Weise über die Sensationsmache aus, die Hollywood in den Streifen gebracht hatte. Bob erhielt immerhin seinen ersten Preis, von der ausländischen Presse in Hollywood wurde er zum »Star of the Future« ernannt.

Bevor er wieder einmal nach Europa flüchtete, nahm er eine kleine Rolle in *The Chase* (Ein Mann wird gejagt) an. Sam Spiegel hatte ihm die Hauptrolle angeboten, aber er glaubte nicht, für diesen Part geeignet zu sein, und überließ ihn Marlon Brando. Der war alles andere als überzeugend in der Rolle des Sheriff Calder, eines loyalen Geset-

Robert Redford und Natalie Wood in einer Drehpause.

Ein verzweifelter Robert Redford in › The Chase‹ (Ein Mann wird gejagt).

zesbeamten, der den entflohenen Sträfling Bubber Reeves
(Robert Redford) vor einem aufgebrachten Lynchmob
schützen muß. Bubbers Frau Anna (Jane Fonda) hat eine
Affäre mit dem Sohn eines reichen Großgrundbesitzers
(E. G. Marshall), der die Bevölkerung der Kleinstadt auf
den Sträfling hetzt. Der Sheriff kann nicht verhindern, daß
Bubber Reeves auf den Stufen zum Gefängnis von Betrun-
kenen ermordet wird.

Marlon Brando und Redford in ›The Chase‹ (Ein Mann wird gejagt).

Trotz einer großen Starbesetzung wurde der Film ein Mißerfolg. »Auf dem Papier sah alles ganz gut aus«, erinnert
sich Bob, »aber ich hatte schon damals Bedenken. Der
Film litt unter dem ›Abfluß-Syndrom‹ – er wollte zuviel erreichen. Mit einem Viertel der Handlung wäre es vielleicht
ein annehmbarer Film geworden. Eigentlich ging es ja nur
um vier Personen: den Charakter, den ich spielte, seine
Frau, den Vater und den Sheriff. Und es ging um eine

Jagd. Aber der Film war keine Jagd, da war einfach zuviel Politik drin.«

Robert Redford denkt dennoch gern an *The Chase* zurück, denn dieser Film brachte ihn mit Jane Fonda zusammen. Die beiden entdeckten viele Gemeinsamkeiten und wurden Freunde, ohne daß die Ehe der Redfords in Gefahr geriet. Ihre beruflichen und politischen Wege sollten sich in der Zukunft noch oft kreuzen, und beide sollten sich für eine gesunde Umwelt und eine liberale Politik einsetzen. Jane (und später auch ihr Mann) wurde zu einem gern gesehenen Gast im Haus der Redfords und zu einer treuen Wegbegleiterin.

Mit dem schlichten Wort »Scheiße« lehnte Robert Redford die Hauptrolle in *Love Story* ab, und auch für *Day of the Jackal* (Der Schakal) hielt er sich nicht geeignet. Da folgte er schon lieber dem Ruf von Natalie Wood, die ihn unbedingt als männlichen Partner in *This Property Is Condemned* (Dieses Mädchen ist für alle) wollte. »Die Frauen arbeiten gern mit ihm«, sagt ein Kollege über Redford, »weil er sie nicht von oben herab behandelt. Er verrichtet lediglich seine Arbeit und betrachtet jeden als gleichwertigen Partner. Natalie mochte ihn wirklich. Wenn diese beiden zusammen waren, gab es nicht die üblichen Eifersüchteleien.«

Der Film brachte noch eine Begegnung mit einem guten Bekannten: Sidney Pollack, der neben Redford in *War Hunt* gespielt hatte, führte Regie. »Beim letztenmal waren wir zwei Schauspieler gewesen, die während der Dreharbeiten miteinander gesprochen hatten«, erzählte Sidney Pollack, »jetzt mußte ich ihm sagen, was er zu tun hatte. War schon eine komische Situation. Aber es ging okay. Während der Arbeit waren wir eine interessante Kombination aus Regisseur und Schauspieler und dem ›Seltsamen Paar‹. Oh, wir stritten uns wie verrückt. Er sagte: ›Warte mal, Pollack, das sollten wir anders machen!‹ und ich antwortete: ›Sag mir bloß nicht, wie ich es machen

In die Enge getrieben. Robert Redford in der Schlußszene von ›The Chase‹ (Ein Mann wird gejagt).

soll!‹ Als er zum erstenmal mit mir diskutierte, wußte ich nicht, wie ich mich verhalten sollte. Ich wurde nervös. Da waren viele Schauspieler, und Natalie war ein großer Star. Wenn er sagte: ›Nein, nein, das sollten wir anders machen!‹, blickte ich mich erst mal um und sah nach, ob uns auch niemand zuhörte. Ich dachte, um Gottes willen, da geht mein Image als Regisseur dahin, aber so arbeiteten wir nun mal zusammen.«

In *This Property Is Condemned* dreht sich alles um Natalie Wood. Sie spielt Alva, das von allen geliebte Mädchen in einem Eisenbahnlager. Ihre Mutter will sie mit dem wohlhabenden Johnson verheiraten, und alles verläuft nach Wunsch, bis ein Fremder in der Stadt auftaucht. Owen Legate (Robert Redford) arbeitet für die Eisenbahn und soll einige Arbeiter entlassen, aber das weiß vorerst niemand. Owen macht sich an die schöne Alva heran und verliebt sich in sie, sehr zum Mißfallen der Mutter, die alles tut, um die Beziehung zu zerstören. Sie läßt Owen sogar von fünf Eisenbahnarbeitern verprügeln, als herauskommt, warum er im Camp ist, aber auch das hält ihn nicht ab. Als Owen mit einer Fahrkarte für Alva ins Haus kommt, sagt ihm die Mutter klipp und klar, daß ihre Tochter Johnson heiraten wird. Owen dreht um und verläßt das Camp. In ihrer Verzweiflung und aus Protest heiratet Alva einen anderen Arbeiter (Charles Bronson), der schon lange hinter ihr her ist. Die Ehe dauert nur ein paar Tage. Alva rennt fort und trifft Owen in New Orleans. Die Mutter fährt ihr nach und eröffnet Owen, daß Alva bereits verheiratet ist. Sie läuft in ihrer Verzweiflung wieder davon und kehrt nach Hause zurück, obwohl Owen sie davon abhalten will.

Über den Dreharbeiten stand schon vor Beginn ein ungünstiger Stern. Der Film war als Vehikel für Elizabeth Taylor gedacht, und Richard Burton sollte Regie führen; als beide absagten, wurden mehrmals die Regisseure und die Drehbuchautoren gewechselt, bis man sich schließlich auf Sidney Pollack (Regie) und Francis Ford Coppola (Buch) einigte. Das Drehbuch blieb aber Stückwerk. »Es war furchtbar«, meinte Sidney Pollack, »ich saß mit Schere und Heftmaschine am Schreibtisch und setzte das Skript zusammen.« Das Ergebnis war so unbefriedigend, daß Tennessee Williams, nach dessen Stück das Drehbuch entstanden war, seinen Namen zurückzog.

Sidney Pollack, Robert Redford und Natalie Wood besprechen eine Szene.

Natalie Wood und Robert Redford sind auch privat befreundet.

Aber das war noch nicht alles. Der Film wurde *on location* in Bay St. Louis gedreht, und die Bürger waren überhaupt nicht damit einverstanden, daß ein so »loser« Film in ihrer Stadt gedreht wurde. Sie gingen sogar auf die Straße und protestierten. Dann war Redford einige Tage lang krank, und die Dreharbeiten mußten auf unbestimmte Zeit verschoben werden. Und schließlich beklagte sich Charles Bronson bitter über seine kleine Rolle: »Meine Rolle ist großartig, und man könnte eine schöne Dreiecksgeschichte aus dem Film machen.« Pollack stimmte zu, sagte aber auch: »Er hatte irgendwie recht, aber ich durfte nicht nachgeben. Ich konnte seinen Part nicht größer machen. Charlie Bronson interessierte mich nur wenig. Mein Hauptaugenmerk galt Natalie. Ich sah auch nicht viel zwischen Bob und Charlie. Sie tauschten ein paar böse Blicke aus, aber das war auch schon alles.«

Nach dieser erneuten Pleite hatte Redford endgültig genug von Hollywood. Er brauchte wieder einmal Abstand und flog mit seiner Frau und Tochter nach Europa. Als Adresse gab er seinem Agenten und den Produzenten lediglich das American Express Office in Madrid an. Er wollte weg von allem, wollte nicht überall auf der Straße angesprochen werden. Er war zwar noch kein Superstar, aber er war bekannt genug, um die Aufmerksamkeit aller Teenager auf sich zu ziehen. Die Redfords zogen nach Spanien und tauchten in einem Dorf unter, dessen Namen nicht einmal die Spanier kannten.

»Niemand in dem Ort wußte, wer ich war«, erinnert sich Bob lächelnd. »Es war wunderbar. Keiner kümmerte sich um mich, keiner wollte etwas von mir, und ich brauchte mich nur um mich selbst zu kümmern. Während der ersten Wochen taten wir nur sehr wenig. Wir aßen, schliefen, schauten uns die Landschaft an und faulenzten. Einige Monate später fuhren wir nach Madrid und holten die Post ab. Die drei Filme, die ich gemacht hatte, waren herausgekommen, und ich war schockiert, mein Bild in der Zeitung

Jane Fonda und Robert Redford in ›Barefoot in the Park‹ (Barfuß im Park).

zu sehen. Der Mann auf dem Bild war ein Fremder für mich, und ich interessierte mich überhaupt nicht für die Besprechungen. Zu Hause wäre das vielleicht anders gewesen, dort war es nicht wichtig.«

1967 kehrten die Redfords wieder nach Amerika zurück. Robert war die Hauptrolle in der Verfilmung von *Barefoot in the Park* (Barfuß im Park) angeboten worden, und er

Ehekrach im Hause Fonda/Redford.

unterschrieb, obwohl er die Rolle eigentlich nicht besonders mochte. Gene Saks, der Regisseur, erinnert sich: »Der Charakter lag ihm nicht. Er haßte es, den ganzen Tag in Anzug, Hemd und Krawatte herumzulaufen. Den anderen Schauspielern und den Technikern machte er ständig klar, daß er nicht so wie der Mann war, den er darstellte. Wenn er nicht vor der Kamera gebraucht wurde, lief er in Westernstiefeln und Cowboyhut herum.« Aber er meisterte die Rolle natürlich hervorragend. Kein Wunder, er hatte den braven Rechtsanwalt ja beinahe ein Jahr lang am

80

Ein braver Bürger flippt aus. Die Schlußszene aus ›Barefoot in the Park‹ (Barfuß im Park).

Broadway gespielt. Auch Mildred Natwick als Mutter war wieder dabei. Den Part der Corie übernahm Jane Fonda, mit der Redford überhaupt keine Probleme hatte. Die beiden harmonierten hervorragend.

Der Film wurde ein großer Erfolg und ebnete den Weg für Robert Redfords Aufstieg zum Superstar. Sein Name war plötzlich in aller Munde, und alle Welt erwartete nun natürlich, daß er als zweiter Cary Grant in weiteren Komödien zu sehen sein würde. Aber Redford wäre nicht Redford, hätte er allen Spekulationen nicht wieder einen

Strich durch die Rechnung gemacht. Er wählte als nächsten Film einen Western, einen ungewöhnlichen Western. Er wollte nicht festgelegt werden. Und er sollte recht behalten: *Butch Cassidy and the Sundance Kid* (Zwei Banditen) wurde zum erfolgreichsten Western aller Zeiten und machte ihn endgültig zum Superstar.

3. Teil

Der Westernheld

*»Ich hatte langsam die Nase voll davon,
die Indianer auf der Leinwand immer falsch dargestellt
zu sehen.«*

ROBERT REDFORD

Bevor Science-fiction und Fantasy die Gunst des jungen Publikums gewannen und Luke Skywalker und Darth Vader die Kinoleinwand eroberten, beherrschte der Western die amerikanischen Action-Filmszene. Ein verhältnismäßig kleiner Abschnitt in der an abenteuerlichen Episoden bestimmt nicht armen Weltgeschichte faszinierte die Massen nicht nur in Amerika und lenkte sie von den Sorgen des Alltags ab. Im Western war die Welt noch in Ordnung, und Probleme wurden mit dem Colt oder dem Gewehr gelöst. Gut und Böse waren leicht zu unterscheiden – in den meisten alten Westernfilmen trägt der Schurke immer einen schwarzen und der Held immer einen weißen Hut –, und die Handlung war klar und einfach konstruiert. Nach einer Fülle von rasanten Action-Szenen gab es den unvermeidlichen *show-down,* der Schurke fiel tot zu Boden, und der Held küßte sein Mädchen oder ritt in den rot-goldenen Sonnenuntergang.

Auch im Zeitalter der Computer und Videospiele hat sich an diesem Schema nichts geändert. Die Handlung wurde lediglich in den Weltraum verlegt, die Schurken tragen keine schwarzen Hüte mehr, sondern schwarze Masken, und der Held rast in seinem Raumschiff in die nächste Milchstraße. *Star Wars* (Krieg der Sterne) und *Flash Gordon* sind nichts anderes als Western, die in der Zukunft spielen und dieselben Charaktereigenschaften aufweisen wie altmodische Pferdeopern. Der Colt wurde lediglich gegen das Laser-Schwert ausgetauscht.

Aber man täte dem Western und auch der Science-fiction unrecht, würde man sie nur als anspruchslose Unterhaltung abtun. So wie die Science-fiction mit sozialkritischen Filmen wie *Fahrenheit 451* aufwarten kann, gab es auch im Westerngenre immer wieder Bemühungen, aus den festgefahrenen Bahnen der *low-budget movies* auszubrechen und andere Wege einzuschlagen. Vielleicht liegt darin sogar die Zukunft des Western. Fernsehserien wie *The Sakketts* (Die Sacketts) und neue Cowboy- und Indianerfilme haben bereits bewiesen, daß das Publikum durchaus an kritischen und authentischen Western interessiert ist.

Dem Western kommt dabei zugute, daß er immer schon ein Spiegelbild der amerikanischen Nation und ihrer wirtschaftlichen und politischen Lage gewesen ist. Das wurde besonders während des Vietnam-Kriegs deutlich, als kritische Western wie *Soldier Blue* (Das Wiegenlied vom Totschlag) und *Little Big Man* auf den Markt kamen und den Massenmord an den Indianern in scharfer Weise verurteilten. Die US-Kavallerie kam nicht mehr in letzter Minute mit Pauken und Trompeten über den Hügel geritten, um die scheinbar hoffnungslos Eingeschlossenen zu retten, und der Held ritt auch nicht mehr in den Sonnenuntergang davon. Er konnte froh sein, wenn er am Leben blieb. Der Anti-Held wurde geboren, die Grenze zwischen Gut und Böse wurde schmaler oder verschwand ganz, und die Indianer waren kein Kanonenfutter mehr für glorreiche Reiter. Junge Regisseure begannen die sozialen und wirtschaftlichen Hintergründe der Eroberung des amerikanischen Westens zu sehen und zeigten einen realistischen und authentischen Westen.

Während dieser Zeit wandte sich auch Robert Redford dem Western zu. Der junge Rebell und Aussteiger war das Image des braven Rechtsanwalts aus *Barefoot in the Park* leid und wollte so gesehen werden, wie er wirklich war: ein kritischer Aussteiger, ein leidenschaftlicher Abenteurer, der sich in die wilden Berge von Utah zurückgezogen hatte und den Traum vom alternativen Leben verwirklichte. Er wollte in einem Western spielen, der die großartige Landschaft des westlichen Amerika zeigte und zugleich eine kritische Haltung gegenüber dem Indianermord und dem Kampf gegen die Outlaws einnahm.

Es war nicht gerade leicht, eine solche Rolle zu bekommen. William Goldman hatte zwar sechs Jahre in das Studium der Gesetzlosen Butch Cassidy und Sundance Kid investiert und ein großartiges Drehbuch an 20th Century

Fox verkauft, aber weder die Produktionsfirma noch William Goldman selbst verschwendeten auch nur einen Gedanken an den jungen Schauspieler. »Beim Schreiben des Drehbuchs hatte ich Jack Lemmon für die Rolle des Butch und Paul Newman für die Rolle des Sundance Kid im Kopf«, gab Goldman später zu. Und Richard Zanuck, der oberste Boss von 20th Century Fox, hielt Steve McQueen für den besten Butch und Paul Newman für den besten Sundance Kid. Kein Gedanke an Robert Redford, dem man in *Barefoot in the Park* das Image des braven Komödianten an die Sonntagsjacke geheftet hatte.

George Roy Hill, der Regisseur von *Butch Cassidy and the Sundance Kid* (Zwei Banditen), erzählte später, wie es dann doch zur Verpflichtung von Redford kam: »Redford weiß sich zu behaupten. Ich weiß nicht, ob ich das erzählen soll, aber niemand wollte ihn für *Butch Cassidy*. Wir saßen eines Nachts in einem Hamburger-Laden und tranken uns einen an, und er versprach mir, geduldig zu warten, während ich versuchte, ihn in den Film zu bekommen. Die Produzenten dachten an McQueen und Marlon Brando und Warren Beatty, aber alle drei brachten sie nicht dazu, einen Vertrag zu unterschreiben. Es war schon komisch. Wir trafen uns in Zanucks Büro zu diesen gottverdammten Konferenzen, und alles drehte sich im Kreis, und jeder sagte: ›Brando‹ oder wer immer in dieser Woche gerade der Favorit war. Dann fragte Zanuck mich, und ich antwortete: ›Redford‹.

Ich dachte, Zanuck würde explodieren. Er sagte: ›Redford hat es schon ein paarmal versucht und nie so richtig den Durchbruch geschafft. Warum in drei Teufels Namen wollen Sie gerade ihn? Ich sage Ihnen was. Eher zahle ich Sie aus und lasse den Film fallen, als daß ich Redford unter Vertrag nehme.‹ Sie machten Brando ein Angebot, konnten ihn aber nicht erreichen. Sie telefonierten und sandten Boten, aber Brando ließ niemanden an sich heran. Er war damals gerade wieder auf einem seiner Kreuzzüge.

Dann sah es so aus, als würde Beatty die Rolle bekommen. Aber ich blieb am Ball. Einmal fuhr ich nur an die Westküste, um Redfords Namen zu erwähnen. Na, und dann nahm ich all meinen Mut zusammen und bat Paul Newman, mich zu unterstützen. Er war davon überzeugt, daß Redford der richtige Mann sei. Ich schaffte es, ihn zu überreden. Aber das war nicht der Punkt. Die ganze Zeit saß Redford zu Hause und wartete. Er wußte ja, daß nur ich ihn in dem Film wollte. Da muß man schon stark sein, so ein Hin und Her ist ja nicht gerade gut für das Ego und das Selbstvertrauen eines Schauspielers. Aber Redford ist stur, er haßt es zu verlieren.«

In Robert Redfords Erinnerung sieht die ganze Sache allerdings ein bißchen anders aus. »Die Fox wollte einen zweiten Superstar neben Newman. Meinetwegen, ich war also draußen. Dann bat mich William Goldman, der Drehbuchautor, das Skript zu lesen. Ich weigerte mich. Mal angenommen, ich mochte das Buch? Wer braucht schon so eine Enttäuschung. Dann rief mich mein Agent an, ich solle das Buch unbedingt lesen und mich für eine der beiden Hauptrollen entscheiden. Ich wollte noch immer nicht, las es aber dennoch und erwärmte mich für beide Rollen. George Roy Hill und ich setzten uns zusammen. Er erzählte mir, daß er mich unbedingt in dem Film haben und für mich kämpfen wollte. Großartig. Aber Newman hatte sich noch nicht für einen der beiden Parts entschieden. Ich traf mich mit ihm zum Essen. Wir sprachen über Autorennen, wo wir am liebsten leben wollten, über alles, nur nicht über den Film. Wir sprechen beide nicht gern über das Filmen, und es schien ein stilles Einvernehmen zwischen uns zu bestehen, daß er Butch und ich Sundance spielen würde. Dieses Einverständnis herrschte auch während der Dreharbeiten, und wir brauchten nie zu sagen: ›Würde Butch dies und Sundance das tun? Wir taten es einfach, es war in uns drin.«

Butch Cassidy and the Sundance Kid erzählt die mehr oder

minder authentische Geschichte zweier Gentleman-Banditen, die tatsächlich gegen Ende des letzten Jahrhunderts gelebt haben und sich auch – wie in dem Film erzählt wird – nach Bolivien absetzten. Butch (Paul Newman) trifft Sundance Kid (Robert Redford) in einem Saloon, wo der blonde Bandit gerade dabei ist, beim Kartenspiel zu betrügen. Sein Widersacher will die Sache ausschießen, macht aber einen Rückzieher, als er hört, daß es sich bei den beiden Männern um die berüchtigten Anführer der Hole-in-the-Wall-Bande handelt. Er will aber noch wissen, wie schnell Sundance schießen kann, und der beantwortet die Frage, indem er dem neugierigen Mann den Waffengurt von der Hüfte schießt. Im Felsversteck angekommen, muß Butch erkennen, daß ein gewisser Logan ihm seine Führungsrolle streitig machen will. Butch löst das Problem mit den Fäusten. Er hat auch schon einen Plan für einen perfekten Überfall: sie wollen den Zug der Union Pacific gleich zweimal ausrauben, auf der Hin- und auf der Rückfahrt. Die Eisenbahnleute sind bestimmt so einfältig, den Banditen keinen zweiten Überfall zuzutrauen. Mit dem Geld aus dem ersten Überfall feiert Butch in einem Bordell und Sundance bei seiner Freundin Etta (Katharine Ross). Der zweite Überfall wird allerdings zur Pleite. Am Zug hängt nämlich auch ein mit Gesetzesbeamten beladener Viehwaggon, und die beiden Banditen können sich gerade noch aus dem Staub machen. Abschütteln können sie den Sheriff und seine Gehilfen aber nicht. Ein indianischer Spurenleser bleibt ihnen dicht auf den Fersen. Am Ende einer langen und beschwerlichen Flucht bleibt ihnen nichts anderes übrig, als sich von einem hohen Felsen in einen Fluß zu stürzen. Um den Verfolgern endgültig zu entgehen, setzen sich Butch und Sundance nach Bolivien ab, wo sie es erst einmal mit ehrlicher Arbeit versuchen, dann aber wieder zum gewohnten Zeitvertreib übergehen. Sie rauben Banken aus. Aber auch in Südamerika ist die Polizei nicht auf den Kopf gefallen, und Butch

Ein Western-Duo, das Schlagzeilen machte: Robert Redford und Paul Newman.

und Sundance sehen sich schon bald von Hunderten von Soldaten und Polizisten umzingelt. Die beiden Banditen träumen von Australien und laufen in die tödlichen Schüsse, die ihrem Leben ein Ende bereiten.

Die bloße Inhaltsangabe macht natürlich nicht im entferntesten deutlich, von welcher Qualität *Butch Cassidy and the Sundance Kid* war. Das Drehbuch ist mit zahlreichen humorvollen und ironischen Sprüchen gespickt, man denke nur an das laute »Scheiße!«, das Butch und Sundance beim Sprung in den reißenden Fluß ausstoßen, und Autor und Kameramann und Regisseur behalten stets eine ironi-

Butch und Sundance in einer mißlichen Lage.

sche Distanz zum unrühmlichen Treiben der beiden Outlaws. Die Kamera ist unkonventionell, schafft eine dichte
Atmosphäre, und kluge Breaks wie die Fahrradszene zu
den Klängen von *Raindrops Keep Falling On My Head* lassen den Zuschauer zwischen dem Stakkato von Sprüchen
und Action auch mal Atem holen. Die intelligente, liebe-
volle und auf unterkühlte Weise humorvolle Katharine

Butch und Sundance auf der Flucht.

Ross läßt in keiner Phase des Films den Verdacht aufkommen, Butch und Sundance verbinde ein homosexuelles Verhältnis, und herrliche Landschaftsaufnahmen und spannende Verfolgungsjagden erinnern das Publikum immer wieder daran, daß es sich tatsächlich in einem Western befindet.

Paul Newman und Robert Redford ergänzen sich großartig. Selbst der anfangs so kritische Richard Zanuck warf nach Beginn der Dreharbeiten seine Vorbehalte über Bord und sagte: »Redford ist zweifellos der richtige Mann für den Part. Er ist der geborene Führer, er ist männlich, stark und markig. Ich glaube, er bringt viel von seiner eigenen Persönlichkeit in den Film ein. Bob ist ein sehr störrischer, unabhängiger und privater Mensch. Und er tendiert dazu, sich nach außen hin kühl und distanziert zu geben. Aber hinter der kühlen Schale verbirgt sich ein warmherziger Kern. Wenn ein kalter Mann einen Killer spielt, so ist das abstoßend. Redford gelingt es, gegen die Wärme in seinem Inneren anzuspielen und den Charakter glaubhaft zu machen. Er spielt genauso, wie ich es mir vorgestellt habe.«

Der starke Mann von 20th Century Fox hatte den blonden Schauspieler durchschaut. Er spielte tatsächlich einen Teil von sich selbst und gab das auch öffentlich zu: »Ich identifizierte mich auf seltsame Weise mit Sundance, ohne daß ich genau erklären kann, warum. Als junger Mensch ertappte ich mich oft bei dem Gedanken, daß ein Leben als Outlaw doch gar nicht so schlecht sei. Ich fand Gefallen daran. Die achtziger Jahre des vorigen Jahrhunderts waren keine schlechte Zeit für einen Mann, der etwas an der Grenze erleben wollte. Man stieß nicht besonders viele Leute vor den Kopf, die Atmosphäre war frei, und man konnte holen, was zu holen war. Ich mochte das Skript besonders, weil es die Banditen als große Kinder darstellte, die Züge und Banken aus Spaß beraubten.«

Paul Newman und Robert Redford haben eine recht unterschiedliche Auffassung vom Filmemachen. Paul übt eine Szene bis zum Geht-nicht-mehr, während Bob intuitiv an die Sache herangeht und meistens mit dem ersten Take zufrieden ist. Dennoch kam es zu keinen Reibereien. »Paul ist ein guter Kerl«, sagt Redford, »ich mag ihn wirklich. Andernfalls hätte mich diese ganze Proberei auf die Palme getrieben. Ich glaube, daß das viele Proben nur die

Ein Trio auf Abwegen: Paul Newman, Katharine Ross und Robert Redford.

Spontaneität aus einem Film nimmt. Spontaneität ist aber wichtig, weil ein Film ja auch das Leben widerspiegelt. Das ist jedenfalls die Illusion, die ein Film vermitteln will. Aber ich probte. Newman wollte es so, und ich wollte nicht im Weg stehen.«

Die Atmosphäre während der Dreharbeiten war heiter und entspannt und trug wesentlich zum Gelingen des Films

Oben: Robert Redford, Katharine Ross und Paul Newman im erfolgreich-sten Western aller Zeiten.

Rechts: Robert Redford als Sundance Kid.

bei. Bob übte zum Beispiel täglich das schnelle Ziehen mit dem Colt und nahm die Sache wirklich ernst. »Ich strengte mich wirklich an, den Colt schnell aus dem Holster zu be-kommen«, sagte er, »aber immer, wenn es mal nicht klappte, hielt sich Hill die Hand vor den Mund und kicher-te. ›He, he, he, was ist denn mit dir los, Redford?‹ rief er dann. ›Paß bloß auf, daß du dir nicht in den Fuß schießt!‹«
Und Hill erinnert sich gern an eine Szene, die später gar nicht in dem Film erschien, obwohl sie zu den lustigsten ge-hörte. »Ich erinnere mich noch an seinen Gesichtsaus-druck, als er die erste Szene schmiß, die wir drehten. Er sollte von dem Zug springen, den sie ausgeraubt hatten. Während der Zug anhielt, sollte er den anderen ein Zei-chen geben und zurück zum Gepäckwagen laufen. Na, er

war so in die Szene vertieft, in das Stürzen, Winken und Laufen, daß er gar nicht merkte, wie der Zug an ihm vorbeifuhr. Als er aufstand und verzweifelt nach dem Zug Ausschau hielt, machte er ein ziemlich dummes Gesicht. Ich brachte fünf Minuten lang keinen Ton hervor. Ich versuchte lange, die Szene in dem Film unterzubringen, aber sie paßte einfach nicht rein.«

Der größte Gag aber sollte ein Wettrennen zwischen Hill, Newman und Redford werden, das nichts mit dem Film zu tun hatte. George Roy Hill erinnert sich: »Ich sollte mein kleines Flugzeug, einen Doppeldecker, nehmen, Newman seinen VW mit Porsche-Motor und Redford seinen Porsche. Wir hielten die Chancen für ungefähr gleich, da ich ja irgendwo runtergehen und auftanken mußte. Später fanden wir heraus, daß Newman was ganz Böses plante. Er wollte ein gottverdammtes Transportflugzeug chartern, den VW reinfahren und in Provo oder irgendwo runtergehen. Er wollte den VW wieder rausfahren und ein Bierchen trinken, während wir verzweifelt versuchten, das Ziel zu erreichen und nach ihm Ausschau hielten. Aber Redford nahm die ganze Sache so verdammt ernst, daß ich sie schließlich abblasen mußte. Es war gerade Jagdsaison, und ich hatte Angst, daß er sich selbst oder einige verdammte Jäger töten würde, nur um zu gewinnen.«

Paul Newman hegte den Verdacht, daß hinter dem ganzen Spaß, den Hill während der Dreharbeiten aufzog, ein tieferer Sinn steckte. »George arbeitet sich so in eine Story und ihre Charaktere hinein, daß es einen Grund für alles gibt, was dieser verdammte Bastard tut. Mit den kleinen Outlaw-Spielen brachte er uns in die richtige Stimmung für den Film und die Charaktere, die wir spielten.«

Butch Cassidy and the Sundance Kid wurde ein Kassenschlager und zum erfolgreichsten Western aller Zeiten. Der Film stand monatelang auf den Hitlisten der USA und spielte auch in Europa Millionen ein. Noch heute erzielt er im Fernsehen höchste Einschaltquoten. Er machte Robert

Zwei Banditen sehen keinen Ausweg mehr.

Redford zum Superstar und schuf die Voraussetzung für einen weiteren Hit mit dem Gespann Newman/Redford, der einige Jahre später unter dem Titel *The Sting* (Der Clou) in die Kinos kommen sollte.

Nur wenige Wochen nach *Butch Cassidy and the Sundance Kid«* kam ein zweiter Western mit Robert Redford in den Verleih, dessen Dreharbeiten schon vor *Butch Cassidy* be-

Robert Redford als Sheriff Cooper.

endet waren: *Tell Them Willie Boy Is Here* (Blutige Spur). »Sie hatten Angst, den Film herauszubringen«, meint Redford, »sie wußten nicht, auf was sie sich eingelassen hatten. Viele Verleihfirmen handeln so, wenn man sie nicht mit dem Hammer auf den richtigen Kurs bringt. Die großen Verleihfirmen weigern sich, über den Film nachzudenken und ihn zu beschreiben. Sie schauen anderswohin.«

Redford in action. Eine Szene aus ›Tell Them Willie Boy Is Here‹ (Blutige Spur).

Tell Them Willie Boy Is Here ist ein ungewöhnlicher Western, aber auf ganz andere Art als *Butch Cassidy*. Erzählt wird die Geschichte des jungen Paiute-Indianers Willie Boy, der 1909 nach Kalifornien zurückkehrt, um seine Braut Lola Boniface (Katharine Ross) zu heiraten. Ihr Vater ist gegen die Heirat. Es kommt zu einem Kampf, in dessen Verlauf er von Willie Boy erschossen wird. Nach den

Stammesgesetzen der Paiutes handelt es sich dabei nicht um Mord, sondern um eine Heirat durch Gefangennahme, aber Willie Boy und Lola fürchten die Gesetze der Weißen und machen sich schleunigst aus dem Staub. Sheriff Christopher Cooper (Robert Redford) wird beauftragt, den Indianer zu jagen und gefangenzunehmen. Er macht sich zusammen mit einem Rancher und einem Cowboy an die Verfolgung. Was nach einer Angelegenheit von ein paar Stunden aussieht, entwickelt sich zu einer aufreibenden Jagd. Willie Boy kennt das Land so gut wie seine Vorfahren und trickst den Sheriff immer wieder aus. Schließlich muß Cooper aufgeben, um den auf Besuch weilenden Präsidenten zu beschützen. Der Rancher und der Cowboy reiten allein weiter. Willie Boy verletzt einen der Verfolger, aber der Hilferuf des Ranchers wird aufgebauscht, und die Leibwächter des Präsidenten glauben, viele Männer seien getötet worden und der Indianer plane einen Anschlag auf den Präsidenten. Cooper macht sich wieder an die Verfolgung. Er findet die tote Lola, kann aber nicht sagen, ob sie sich selbst erschossen hat oder von dem Indianer umgebracht wurde. Cooper stellt Willie Boy, und es kommt zu einem Duell, das der Sheriff gewinnt. Er muß erkennen, daß Willies Revolver nicht geladen war. Erst jetzt kann sich Cooper in den Indianer hineinversetzen. Er sorgt dafür, daß er das Begräbnis eines Häuptlings bekommt.

Regisseur dieses modernen Western war Abraham Polonsky, der während der McCarthy-Ära auf der Schwarzen Liste gestanden hatte und zwanzig Jahre ohne Arbeit gewesen war. Angeblich war er Mitglied der kommunistischen Partei, und das ist ja in Amerika heute noch ein Verbrechen. Redford setzte sich für ihn ein, weil er ihn als Mensch schätzte, einige seiner Filme gesehen hatte und weil er sich keinen anderen Regisseur für den Film vorstellen konnte. Polonsky hatte auch das Drehbuch für *Willie Boy* verfaßt. Der Schauspieler konnte nicht wissen, daß Polonsky nach der langen Arbeitspause noch das nötige

Robert Redford und Katharine Ross in ›Tell Them Willie Boy Is Here‹ (Blutige Spur).

Selbstvertrauen fehlte, das für die Verwirklichung eines so schwierigen Stoffes unabdingbar ist.

Polonsky war stolz darauf, mit so guten und bekannten Schauspielern wie Redford und Katharine Ross arbeiten zu können. »Niemand schlug Änderungen am Drehbuch vor«, berichtete er. »Ich wollte Robert Redford und Katharine Ross und Robert Blake und bekam sie auch.« Redford war allerdings die Rolle des Indianers angeboten worden, und die glaubte er nicht spielen zu können. »Das war ein Fehler. Ich fand die Rolle des Sheriffs viel interessanter, weil er einen neutralen Standpunkt einnahm. Ich stand immer schon gern zwischen den Fronten. Der Sheriff sah das Gute und das Böse auf beiden Seiten, und die Rolle wollte ich haben.«

Für die Rolle des Indianers schlug Redford einen echten Indianer vor. Er war es leid, in Indianerfilmen immer Weiße als Rothäute agieren zu sehen, wenn es doch genug indianische Schauspieler gab. Aber der Produzent lehnte ab. Die Firma wollte ihre unter Vertrag stehenden Schauspieler in den Nebenrollen einsetzen, und einen Indianer hatten sie nicht auf der Lohnliste. »Ich hatte langsam die Nase voll davon«, sagte Redford, »die Indianer auf der Leinwand immer falsch dargestellt zu sehen. Ich war mit vielen Indianern befreundet. Wann gab es denn schon mal eine bessere Möglichkeit, einen Indianer als Indianer einzusetzen? Wir hatten doch eine richtige Indianergeschichte.«

Das Ergebnis war dementsprechend, jedenfalls nach Redfords Meinung. »Das Drehbuch wurde dem indianischen Charakter nicht gerecht. Indianer reden nicht soviel, und sie reden nicht so wie in dem Film. Polonsky versuchte, die liberalen Gedanken der dreißiger Jahre in seinem Film unterzubringen, und legte sie den Indianern in den Mund. Aber Indianer sagen nicht: ›Deine Hand ist weiß, und meine ist rot. Macht uns das zu verschiedenen Menschen?‹ Solche Sätze verursachten schon ein seltsames Gefühl in mir. Aber ich mochte den Film, ich mochte seine Aussage.«

Tatsächlich war *Tell Them Willie Boy Is Here* einer der wenigen Indianerfilme, die wirklich den Versuch machten, der Sache des Roten Mannes gerecht zu werden. Zwei Kulturen prallen aufeinander, und es kommt zur unvermeidlichen Katastrophe, die auch ein Mann wie Sheriff Cooper nicht verhindern kann. Erst in der letzten Viertelstunde des Films erkennt er die ganze Tragik des Geschehens. »Er ist ein einsamer Mann, der sich nicht an die moderne Zeit gewöhnen kann«, sagte Robert Redford. »Er wuchs bei Indianern auf, aber um 1909 wurden die eigentlichen Herren des Landes in die Enge getrieben. Er hat keinen großen Respekt für die Weißen, die auf Indianderjagd gehen wollen, aber er muß Recht und Ordnung aufrechterhalten. Während der Jagd auf Willie Boy lernt er eine Menge über sich selbst. Zu Beginn ist er ein Mann, der glaubt, nichts mit der Angelegenheit zu tun zu haben. Am Ende ist er darin verstrickt. Er lernt und wächst. Deshalb wurde ich von dieser Rolle so angezogen.«

Mit einem Regisseur wie Mike Nichols wäre *Willie Boy* sicher ein anspruchsvoller und kritischer Film geworden, wenn auch sicher nicht so unterhaltend wie *Little Big Man,* dem wohl spannendsten, humorvollsten und zugleich kritischsten Film über die Ausrottung der Indianer. Abraham Polonsky aber war durch seine Verfolgung zu lange aus dem Geschäft und bekam den Film nie richtig in den Griff. »Die Techniker und die Kameraleute und viele andere warteten doch nur darauf, daß er einen Fehler machte«, erinnert sich Robert Redford. »Und er wollte auf keinen Fall angeschlagen aussehen. Er bemühte sich also, schnelle Entscheidungen zu treffen, um seine Unsicherheit zu verbergen. Er war wie Rommel. Viele Male traf er Entscheidungen, ohne zu wissen, um was es eigentlich ging. Dadurch gab es Probleme mit dem Kameramann Conrad Hall, der genau wußte, was er tat. Eigentlich führte er Regie, und das war ziemlich schlimm, weil dann die großen Diskussionen anfingen. Abe setzte sich in letzter Konsequenz durch, aber eigentlich wurde es ein Film von Conrad Hall.«

Tell Them Willie Boy Is Here wurde ein geschäftlicher Mißerfolg, kam aber bei einem Großteil der Kritik gut an. In Vietnam tobte immer noch der Krieg, und viele Rezensenten faßten den Film als politisches Statement auf, das er ja auch war. Sie lobten die Konsequenz, mit der das Thema angegangen worden war, und das Fehlen eines Happy-Ends, das dem Streifen nur geschadet hätte. Aber der Erfolg eines Films wird nun mal an den Kinokassen errechnet, und da kam unter dem Strich nicht viel zusammen. Für die Western-Fans war er nicht aktionsreich genug, und die Intellektuellen fanden ihn zu matt und zu oberflächlich.

Für Robert Redford aber war er ein wichtiger Meilenstein in der Entwicklung seiner Persönlichkeit. Er entdeckte plötzlich Probleme, für die es sich einzusetzen lohnte, er sah jetzt auch in der Schauspielerei einen Sinn ... aus dem *Rebel Without A Cause,* aus dem Rebell ohne Grund, wurde ein Rebell mit Motiven und ein engagierter Mann, der noch andere Ziele hatte, als nur unterhaltsame Filme zu machen. Das bewies auch sein Einsatz für den Dokumentarfilm *Broken Treaty at Battle Mountain,* zu dem er den Kommentar gesprochen hatte. In dem Streifen ging es um den Kampf der Shoshoni-Indianer um ihre Heimat; auch im zwanzigsten Jahrhundert sollte dieser Stamm wieder um seine Rechte betrogen werden, und Redford sah eine gute Gelegenheit, der Sache einer Minderheit zu dienen, ohne auf spektakuläre Aktionen à la Marlon Brando angewiesen zu sein. Er nahm sogar an einer Pressekonferenz des Stammes teil, während der er die Regierung der Zerstörung der Umwelt und der Kultur der Indianer anklagte. »Indianer und Umwelt gehören zusammen«, sagte er, »die Indianer haben ein anderes Verhältnis zum Land als wir. Ich würde es vorziehen, den vollblütigen Indianer zu meiner Linken zu fragen, was er eigentlich von diesen Filmen hält, in denen Indianer als unmenschliche Wilde gezeigt werden, die nur darauf aus sind, Blut zu vergießen ...

Unter diesem Aspekt gewinnt auch eine Betrachtung des dritten Western in Redfords Karriere eine neue Bedeutung. *Jeremiah Johnson* war wohl Bobs persönlichster Film, ein engagierter Trapperfilm über einen Mann, der

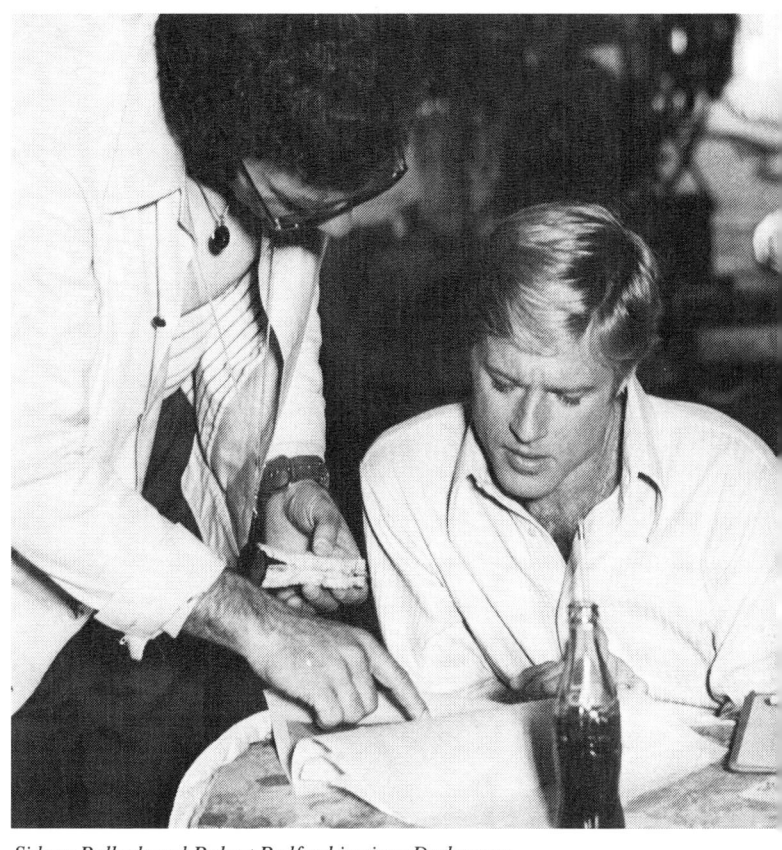

Sidney Pollack und Robert Redford in einer Drehpause.

die Natur liebt und sich den Gesetzen der Gesellschaft nicht unterordnen will. »Er verhält sich nicht feindlich, und er rebelliert auch nicht«, beschrieb Redford die Hauptfigur, »er will nur nicht an einem Ort leben, wo ihm die Gesellschaft alle Gesetze des Handelns aufzwingt. Es war ziemlich anstrengend zu zeigen, wie ein Mann damals wirklich lebte.«

Jeremiah Johnson (Robert Redford) will in die Berge.

Bobs alter Freund Sidney Pollack hatte schon seit Jahren gewünscht, wieder mit ihm zusammenzuarbeiten, hatte aber nie ein geeignetes Skript gefunden. 1971 war es dann soweit. Pollack erinnert sich: »Bob hatte ein Drehbuch mit dem Titel *Liver Eatin' Johnson*. Er sagte zu mir: ›Ich glaube zwar nicht, daß dich die Sache interessiert, das Buch handelt von einem Kerl, der Lebern ißt, aber du solltest

Robert Redford in der Rolle des Jeremiah Johnson.

mal reinschauen.‹ Aber ich las es und lachte während der ersten fünfzig Seiten – einer der besten Anfänge, die ich kannte. Aber als der Kerl begann, Lebern zu essen, hatte ich die Nase voll.«

Pollack und Redford fanden das Thema aber so interessant, daß sie nicht aufgaben und wochenlang über dem Skript brüteten. Es war nach zwei Vorlagen, dem Roman

Jeremiah Johnson (Robert Redford) kämpft ums Überleben.

Mountain Man von Vardis Fisher und der Kurzgeschichte *Crow Killer* von Raymond W. Thorp, geschrieben worden und klang so vielversprechend, daß man einfach nicht daran vorbeigehen konnte. Sorgen bereitete Pollack und Redford nur, wie aus dem zivilisationsmüden Mann der Berge ein Indianerkiller werden sollte. In dem ursprünglichen Drehbuch gab es kein ausreichendes Motiv für den

Ein Mann steigt aus: Robert Redford in ›Jeremiah Johnson‹.

Amoklauf des Trappers, der viele Jahre damit verbringt, Indianer zu jagen und zu töten. »Was sollen wir tun?« fragte Pollack eines Nachts in Redfords Haus.

»Wir können nicht diese ganzen Indianer töten«, antwortete Redford. »Wie können wir einen Film machen, in dem nur Indianer getötet werden?«

»Ich weiß, ich weiß. Aber was sollen wir tun? Ich meine,

wir müssen es so hinkriegen, daß die Indianer deine Familie nicht grundlos umbringen, verstehst du?«

»Und wie wollen wir das anstellen?«

Die beiden waren verzweifelt, bis Co-Autor Ed Anhalt mit der rettenden Idee kam. Der Trapper sollte eine Kavallerie-Einheit über einen Friedhof der Crows führen. Die Indianer rächten sich, indem sie seine Familie töteten. Jeremiah Johnson wird zum Indianerkiller. Die Kritikerin Patricia Erens war von der Idee genauso begeistert wie Pollack und Redford. »Die Überquerung des Friedhofs symbolisiert die unvermeidlichen Konsequenzen menschlichen Handelns«, schrieb sie. »Es gibt keine richtigen oder falschen Entscheidungen – nur gute und schlechte Seiten. Man hat die Wahl.«

Jeremiah Johnson gab es wirklich. Im Film ist er ein zivilisationsmüder junger Mann, der den Städten den Rücken kehrt und sein Glück als Trapper versuchen will. Er zieht in die einsamen Rocky Mountains und hat das Glück, einen erfahrenen Mann der Berge zu treffen, der ihm über den ersten Winter hilft. Im zweiten Winter ist Jeremiah erfahren genug, um allein zurechtzukommen. Im Frühling beobachtet er, wie eine Siedlergruppe von Indianern niedergemacht wird. Eine verrückte Frau und ein kleiner Junge überleben das Massaker, und Jeremiah nimmt den Jungen bei sich auf. Er nennt ihn Caleb. Die verrückte Frau rennt davon.

Am nächsten Tag begegnen der Trapper und der Junge einem glatzköpfigen Mann, der von Indianern gemartert wurde. Jeremiah glaubt, die Schuldigen an dem Massaker aufgespürt zu haben und überrascht sie im Schlaf. Er tötet sie und macht die Skalps freundlichen Flathead-Indianern zum Geschenk. Der Häuptling revanchiert sich und vermacht dem Trapper seine Tochter Swan. Die beiden bleiben sich lange fremd, entdecken aber dann ihre Liebe füreinander und bauen eine Hütte.

Ein Trupp Kavallerie kommt in die Wildnis, und der Offi-

Jeremiah Johnson – ein einsamer Mann in einem einsamen Land.

zier bittet Jeremiah, seine Einheit zu einer Siedlung zu führen. Er erklärt sich einverstanden, macht aber darauf aufmerksam, daß man einen heiligen Ort der Crows, ihren Friedhof, umgehen müsse. Die Soldaten weigern sich, sie sind in Eile, und Jeremiah stimmt wider besseres Wissen zu. Als er zu seiner indianischen Frau und seinem Adoptivsohn zurückkehrt, findet er beide ermordet vor. Die Crows haben sich furchtbar an dem Trapper gerächt.

Jeremiah Johnson wird zum Indianertöter. Er bringt einen Crow nach dem anderen um, und bald rankt sich eine Legende um seine Person. Die Indianer nennen ihn ehrfurchtsvoll »Crow Killer« und betrachten es als Ehre, gegen ihn zu kämpfen. Sein Leben wird zu einem ständigen Kampf. Eines Tages besucht er das Grab der Mutter seines Adoptivsohnes und findet dort eine indianische Zeichnung, die besagt, daß er schon tot ist oder niemals sterben wird. Ein Indianer taucht in der Ferne auf. Jeremiah hebt die Hand und gibt seinem Respekt, aber auch seiner Verachtung und seinem Haß Ausdruck.

Warner Brothers stellte für den Film ein Budget von zweihunderttausend Dollar zur Verfügung und schlug vor, die Dreharbeiten in Spanien zu beginnen. Pollack und Redford wehrten sich mit Händen und Füßen. So ein Film könne nur in Amerika gedreht werden, meinten sie. Das Studio erklärte sich einverstanden, solange das Budget nicht überschritten werde.

Diese Limitierung forderte natürlich Opfer, die man aber gern in Kauf nahm. »Bob hatte keine Garderobe«, erinnert sich Pollack, »wir hatten nicht mal eine Toilette. Wir schneiderten die Kleidung selber, rissen irgendwelche Dinge auseinander und nähten sie wieder zusammen.« Auch einen Ort zu finden, an dem man den Film drehen konnte, gestaltete sich als Problem, aber Redford wußte Rat. Sie bauten die Trapperhütte einfach auf sein Grundstück in Utah, nur eine Meile von seinem Haus entfernt.

Um sich in den Charakter einzuleben und ein Gefühl für seine Einsamkeit zu bekommen, zog Redford sich tagelang in die Hütte zurück. Er schlief und aß dort. »Ich zog mir Felle an und schlief auf Fellen«, berichtet er. »Ich verbrachte viel Zeit damit, mir einfach das Land anzuschauen. Den hohen Berg, den man in dem Film immer wieder zu Gesicht bekommt, kann man von meinem Haus aus sehen. Ich war sehr entspannt und glaubte wie ein Mann der Berge zu fühlen. Aber dann dachte ich daran, daß sich ein

Das Leben in den Bergen ist hart. Robert Redford als Jeremiah Johnson.

Trapper keineswegs entspannt fühlen durfte. Ich hatte ein großes Feuer in der Hütte, aber die Männer der Berge wußten ja niemals, ob sie genug Holz für ein Feuer finden würden. Sie mußten in den Schnee hinaus und danach suchen. Sie mußten Wild finden und es töten. Wenn sie nichts fanden, hatten sie auch nichts zu essen. Ich begann, mir die Furcht vorzustellen, in der diese Männer ständig lebten. Ich nahm an, daß viele Männer der Berge diese Angst und dieses Risiko zu lieben begannen.«

Am nächsten kam Redford diesem Gefühl, als Pollack ihn für eine Szene mit dem Hubschrauber in der Wildnis absetzte. »Während ich durch den Schnee stapfte, verschwand der Hubschrauber plötzlich«, erzählt er. »Ich hatte keine Ahnung, wohin sie flogen, und ob sie beabsichtigten, zu mir zurückzukommen. Ich hatte schon Angst, Sidney sei wütend auf mich. Später fand ich dann heraus, daß sie nur neues Filmmaterial holten. Und doch fand ich diesen Tag wundervoll, er bedeutete ein Mehr an Erfahrung für mich. Ich lag im Schnee und genoß die Stille jedes Augenblicks, da war nur ein gelegentliches Echo, das über die Gletscher kam.«

Über das Ende des Films waren sich Pollack und Redford lange im unklaren. Pollack wollte, daß Jeremiah Johnson in den Bergen erfror, Redford zog es vor, das Ende offenzulassen und den Trapper in der Ferne verschwinden zu sehen. Erst bei den Dreharbeiten zur letzten Szene entwickelte Redford den Schluß, der tatsächlich im Film zu sehen ist. »Ich sagte ihm nicht, wie er sich verhalten sollte«, gibt Pollack zu, »es war allein seine Idee.«

Jeremiah Johnson wurde zu einem überwältigenden Erfolg, obwohl Warner Brothers kaum Werbung für den Film machten. Aber die Kritiken waren überschwenglich und feierten den Streifen als authentischen und kritischen Western, als den Film, »der *Tell Them Willie Boy Is Here* gern sein wollte.« *Jeremiah Johnson* ist einer der wenigen Western, in dem die Situation im Indianerland so gezeigt wird, wie sie wirklich war, und nicht als eine Kombination aus *Winnetou* und *Bonanza*. Die Indianer sind authentisch und lebensecht und werden mit höchstmöglichem Respekt behandelt, ein Prädikat, das nur wenige Western für sich in Anspruch nehmen können, und ein Verdienst von Pollack und Redford, die viel Mühe und Arbeit in diesen Film investierten.

4. Teil

Der Superstar

*»Er sieht so gut aus!
Ich glaube, er riecht auch gut!«*

EIN FAN

Robert Redford, Superstar. Der blonde Schauspieler hatte es geschafft. *Butch Cassidy and the Sundance Kid* und *Jeremiah Johnson* hatten ihn zur *very important person* gemacht. Sein Porträt prangte auf dem Titelbild von *Life* und anderen großen Illustrierten, und er konnte in kein Lokal mehr gehen, ohne sich von strahlenden Teenagern anhimmeln zu lassen und Autogramme schreiben zu müssen. Redford war nicht gerade begeistert von dieser Entwicklung. Er liebte seine Privatsphäre und eine gewisse Anonymität, und der plötzliche Erfolg machte ihn unsicher und stimmte ihn manchmal sogar ärgerlich. Das Geld war natürlich nicht zu verachten, und er hatte ja noch sein Haus in Utah, ein stilles Refugium, das fern von Hollywood-Parties und Pressekonferenzen in den Bergen von Utah stand. Dorthin zog er sich zurück, wenn ihm der Rummel in Hollywood zu groß und störend wurde. Er ruhte sich aus, widmete sich seiner Familie, wanderte und fuhr Ski.

Während einer Skiwanderung kam ihm die Idee, einen Film über einen olympischen Abfahrtsläufer zu drehen. Kein Märchen und keinen Schmalzfilm, sondern einen realistischen und spannenden Streifen über einen amerikanischen Athleten, seine Karriere und sein Leben außerhalb des Skizirkus. Er wandte sich an James Salter, einen erfahrenen Drehbuchautor, und sprach das Projekt mit Paramount durch, die ebenfalls an den Erfolg eines solchen Films glaubte. Roman Polanski stand gerade zur Verfügung, und die Filmbosse waren der Meinung, daß allein das Gespann Polanski/Redford eine große Kasse garantierte. Doch dann begannen die Schwierigkeiten.

Robert Redford erinnert sich an die schwere Geburt. »Polanski hatte den Etat von *Rosemarie's Baby* überschritten und kam nicht mit dem Film klar. Dann bekamen sie das Treatment von Salter und lehnten es ab. Salter ist ein typischer Filmautor, aber die Leute bei Paramount kapierten seine Idee einfach nicht. Der Verleih ließ das Projekt fallen.«

Wahrscheinlich hätten Polanski und Redford den Film doch noch durchgeboxt, aber der Schauspieler war gerade von Paramount verklagt worden, weil er aus dem Western *Blue* ausgestiegen war. Die Drehbuchautoren hatten das Skript verändert, und er hatte keinen Gefallen an der neuen Story gefunden. Mehrere hunderttausend Dollar wollten die Filmbosse von ihm haben, und er war nicht in der Position, um ein neues Projekt bei ihnen unterzubringen. »Sie hatten Maschinengewehre in den Studios aufgestellt«, erinnert er sich lächelnd.

Aber Redford hatte schon oft bewiesen, daß er eine Kämpfernatur ist. Wenn er sich etwas in den Kopf gesetzt hat, dann führt er es meistens auch durch. »Ich hatte keinen Film über Skifahren im Kopf«, sagt er, »aber das verstanden die Studiobosse nicht. Ich wollte das Porträt eines Athleten, eines bestimmten Typus in der amerikanischen Gesellschaft.«

Redford war sehr an einem solchen Fall interessiert, weil er seine persönlichen Erfahrungen einbringen konnte. Ein großer Teil seines Lebens hatte sich ja auch um den Sport gedreht. »Ich hatte das Gefühl, die Hauptfigur zu kennen, da ich ja selbst viel mit Sport zu tun hatte. Aber der Sport allein war nicht genug für mich. Der Wettbewerb selbst war aufregend, aber wenn man dann aus der Arena kam, sah man doch, was man alles vermißte. Es hatte mich immer gestört, wie Sportler in Filmen dargestellt worden waren. Das waren immer saubere Typen aus dem Mittelwesten mit braven Ehefrauen und Eltern. Was war mit Athleten, die es nicht so gut getroffen hatten? Wir akzeptieren doch auch menschliche Versager, wenn sie gewinnen. Und was ist mit den Athleten, die nur Zweiter wurden? So etwas wollte ich in einem Film über Sportler sehen. Es mußte ein Skifahrer-Film sein, weil ich damals gerade viel Ski lief und der Meinung war, daß ein solcher Film besonders schöne Bilder hergab.«

Die großen Studios waren anderer Meinung, und Redford

mußte zur Selbsthilfe greifen. Im Klartext: er mußte selbst investieren, um einen solchen Film zu bekommen. Er tat sich mit dem Agenten Richard Gregson zusammen und gründete die Produktionsfirma Wildwood Enterprises. Damit war die Piste für den Film geebnet, der unter dem Titel *Downhill Racer* (Schußfahrt, Der Abfahrtssieger) in die Kinos kam. Dank der Unterstützung durch den Konzern Gulf & Western, übrigens einer Schwesterfirma von Paramount, war genug Geld zusammengekommen, um eine Finanzierung zu gewährleisten.

Downhill Racer erzählt die Geschichte des eigenwilligen Abfahrtsläufers David Chappellet (Robert Redford), der von Trainer Eugene Clair (Gene Hackman) in letzter Sekunde ins amerikanische Olympiateam berufen wird. In einem Trainingslauf sticht der ehrgeizige Mann aus Colorado den Star der Mannschaft aus, und beim Après-Ski kümmern sich Presse und Mädchen nur um ihn. Die laufende und folgende Saison wird zu einem Zweikampf zwischen ihm und dem Star, mal gewinnt der eine, mal der andere. Der Ehrgeiz des jungen Skiläufers belastet aber nicht nur die Stimmung im Team, sondern auch seine Beziehung zu der hübschen Carole (Camilla Sparv). Während der vorolympischen Spiele müssen sie erkennen, daß der Leistungssport eine echte Beziehung ausschließt. Im entscheidenden Rennen hat David die Goldmedaille schon sicher, als gemeldet wird, daß ein unbekannter Läufer schneller auf der Piste ist als er. Im letzten Augenblick stürzt der Läufer, und David hat seine Goldmedaille sicher. Aber er sieht, daß Sieg und Niederlage nahe beieinanderliegen.

Um möglichst authentische Aufnahmen zu bekommen, fuhr Redford mit einem Team nach Frankreich zu den Olympischen Winterspielen. »Ich bin ziemlich gut auf Skiern«, sagt Bob, »aber wir wollten echte Olympioniken auf dem Film haben, weil nur solche Athleten eine steile Abfahrt hinunterfahren können. Alles andere hätte gestellt

Robert Redford als Abfahrtsläufer.

ausgesehen. Die Jungs fahren mit hundert Sachen den Berg runter, da genügt eine falsche Bewegung, und man kann sich verabschieden. Ich wollte Paramount beweisen, daß man mit wenig Geld viel erreichen kann, und flog mit einem Kameramann, einem Autor und mehreren Experten auf eigene Kosten nach Grenoble. Wir wohnten alle in einem Raum. Na, und die Franzosen hatten eigentlich ver-

Robert Redford bespricht eine Szene mit seinem Regisseur Michael Ritchie.

boten, die Spiele zu filmen, und wir mußten uns Verkleidungen einfallen lassen, um an den Ordnern vorbeizukommen. Unser Kameramann war ziemlich bekannt, und wir mußten ihm ein Haarteil und eine falsche Nase ankleben, damit er filmen konnte. Er amüsierte sich köstlich. Die Experten filmten auch ziemlich viel, aber sie waren natürlich ebenfalls bei den Offiziellen bekannt. Sie klau-

Michael Ritchie mit seinen Hauptdarstellern Gene Hackman und Robert Redford.

ten das Schild von einem Cola-Automaten und stellten es in ihr Wagenfenster, auf diese Weise kamen sie an den Ordnern vorbei. Jeden Abend trafen wir uns in unserem Zimmer und waren froh, wenn wir noch alle am Leben waren. Wir schossen siebentausend Meter Film.«

Als Regisseur gewann Redford den Fernsehmann Michael Ritchie, den er während seiner Arbeit für amerikanische

TV-Serien kennengelernt hatte. Als Co-Stars wurden Gene Hackman und Camilla Sparv verpflichtet. Alles war bereit, und man wollte gerade mit den eigentlichen Dreharbeiten beginnen, als erneut rotes Licht gegeben wurde. Diesmal war Redford allerdings selber schuld. Er stürzte mit seinem Snowmobile und verletzte sich böse am Knie, mindestens eine Woche würde vergehen, bevor er wieder auf Skiern stehen konnte.

»Ich war schon ein bißchen besorgt, wann und wie ich Redford auf die Bretter bekommen würde«, erinnert sich Ritchie, »er humpelte, und die Verletzung sah ziemlich schlimm aus. Deshalb drehten wir zuerst die anderen Szenen. Wenn man sich den Film ganz genau ansieht, erkennt man, daß Redford in einigen frühen Szenen humpelt. Er war ziemlich frustriert, er wollte endlich auf seine Skier kommen. Dann war es endlich soweit. Redford fuhr in fast allen Szenen selbst.«

Den Studiobossen, die sich inzwischen wieder eingekauft hatten, gefiel das ganz und gar nicht. Sie hatten Angst um ihren Star und wollten ein Double engagieren. Aber Redford weigerte sich und denkt noch heute schmunzelnd daran, daß sie nichts dagegen unternehmen konnten. »Wir waren weit oben in den Bergen, und die Studiobosse konnten uns nicht erreichen. Sie hatten keine Kontrolle über den Film. Außerdem stellt sich die Frage: Was ist eigentlich gefährlich? Durch Hollywood zu fahren, das ist gefährlich. Konferenzen in Büros können gefährlich sein. Ich bin lieber in den Bergen.«

Regisseur und Schauspieler taten alles, um aus *Downhill Racer* einen realistischen Film zu machen. »Ich wollte den Film so echt, realistisch, rauh und dokumentarisch wie möglich drehen«, sagt Michael Ritchie, »und das wäre sehr schwierig gewesen, hätten die Stars ständig nach bestimmten Einstellungen und so gejammert. Aber wir hatten Redford, einen jungen, gutaussehenden, rauhen Burschen, der nicht besonders beleuchtet werden muß. Gene

Robert Redford in einer Szene aus ›Downhill Racer‹ (Schußfahrt).

Hackman schert sich nicht darum, wie er aussieht. Und Camilla Sparv kann man gar nicht schlecht fotografieren. Sie gehört zu den fotogensten Frauen, die ich kenne, und sieht auch bei schlechten Bedingungen gut aus.«
Mit dem Ergebnis waren alle Beteiligten sehr zufrieden. Niemand erwartete das Desaster, das sich dann während einer Vorpremiere ereignete und zumindest Redford

ziemlich entmutigte. »Die Hälfte des Publikums ging vorzeitig aus dem Kino«, erinnert er sich, »ich wurde ziemlich blaß. Gregson und Natalie Wood und ich saßen ganz hinten, und Natalie sagte: ›Das hab' ich schon ein paarmal erlebt. Einmal ging das ganze Publikum nach Hause.‹ Ich sagte: ›Sei bitte still!‹ Und duckte mich ganz tief in meinen Sitz. Ich wartete nur darauf, daß die Leute mit faulen Tomaten nach der Leinwand warfen.«

Nun, ganz so schlimm wurde es nicht, aber der Film war auch nicht gerade ein großer Kassenerfolg. »Der Film hat mich zwei Jahre meines Lebens gekostet«, sagt Redford, »aber er war nicht sehr erfolgreich. Alle Filme, hinter denen ich wirklich stand, spielten nicht viel Geld ein. So ist es nun mal. Aber man hat wenigstens das Gefühl, etwas Sinnvolles getan zu haben, etwas, das einem Befriedigung verschaffte.«

Was man von *Little Fauss and Big Halsy* (Little Fauss und Big Halsy, Stromer der Landstraße) nicht gerade sagen konnte. Die Dreharbeiten zu diesem Streifen wurden zu einem einzigen Ärgernis für Redford, obwohl die Story viel versprach. Der Film erzählt von zwei Motorradfahrern, die sich auf den Rennbahnen des amerikanischen Westens herumtreiben – mit unterschiedlichem Erfolg. Big Halsy (Robert Redford) ist der große Abräumer, der Star, dem alle Mädchen aus der Hand fressen. Der sich keinen Deut um die Meinung anderer schert. Auch nicht um die Meinung von Little Fauss (Michael J. Pollard), einem unscheinbaren Dümmling, der seine Maschinen ständig zu Bruch fährt.

Am Tag nach einem Rennen fährt Big Halsy bei einer Tankstelle vor und lernt Little Fauss kennen, der dort als Mechaniker arbeitet. Fauss ist begeistert von dem lockeren Halsy und berechnet keinen Pfennig. Die beiden werden so etwas wie Freunde. Sie nehmen zusammen an einem Amateurrennen teil, das den großen Halsy mal wieder als Gewinner und den kleinen Fauss mal wieder als

*Michael J. Pollard und Robert Redford in ›Little Fauss and Big Halsy‹
(Little Fauss und Big Halsy).*

Verlierer sieht. Halsy triumphiert, und Fauss bricht sich
das Bein. Obwohl Halsy an dem Sturz nicht ganz unschul-
dig ist, taucht er wieder bei seinem Freund auf, natürlich
wieder mit einer flotten Puppe auf dem Sozius. Er hat
einen ganz bestimmten Grund für seinen Besuch. Wegen
rücksichtslosen Fahrens wurde er nämlich von allen Rennen suspendiert und will nun nach Kalifornien ziehen und

Redford und Pollard sprachen kaum miteinander.

dort Profirennen fahren – als Little Fauss. Die Leute dort
kennen ihn nicht und werden schon darauf reinfallen.
Fauss ist einverstanden und begleitet ihn als Mechaniker.
Little Fauss ist begeistert von seinem Vorbild und den
Mädchen, die er ständig abschleppt. Wegen eines Mäd-
chens kommt es dann aber auch zum Bruch. Fauss und
Halsy kommen sich wegen der schönen Rita in die Haare,
die auch Sympathien für den kleinen Mechaniker hegt.
Der Große braust mit Rita davon.

126

Zwei Rennfahrer und ihre heiße Braut.

Einige Wochen später fährt Halsy wieder vor, mit einer schwangeren Rita auf dem Rücksitz. Er möchte das Mädchen bei ihm absetzen und mit ihm Beiwagen-Rennen fahren. Fauss denkt nicht daran. Er will am großen Rennen in Sears Point teilnehmen und mit Rita nichts mehr zu tun haben. Rita läuft davon. Little Fauss und Big Halsy treffen sich erst in Sears Point wieder, wo sie beide abgeschlagen im Feld landen.

Obwohl Regisseur Sidney Furie die schwachen Stellen des

Immer obenauf: Robert Redford als Big Halsy.

Films bereits beim Lesen des Drehbuchs erkannte und auf den schwachen Schluß hinwies, ging *Little Fauss and Big Halsy* in Produktion. Vor allem, weil Redford von seiner Rolle begeistert war. »Sie unterschied sich sehr von den Parts, die ich vorher gespielt hatte. Für einen Beinahe-Analphabeten hatte er einen ziemlich flotten Spruch drauf. Er ist ein Großmaul, ein ziemlich ungehobelter Bursche.

Bauchlandung – Robert Redford und Michael J. Pollard in ›Little Fauss and Big Halsy‹ (Little Fauss und Big Halsy).

Es machte Spaß, den Jungen zu spielen. Es war so wie in Van Nuys, wo ich mit Motorrädern aufwuchs. Ich mag Motorräder.«

Gedreht wurde in Los Angeles, San Francisco und Phoenix, die Rennszenen wurden auf dem Willow Springs Raceway, dem Manzanita Speedway in Phoenix und bei Sears Point gedreht. Alle Voraussetzungen für einen großen Spaß waren gegeben, aber der Regisseur hieß nicht Sidney Pollack und der zweite Hauptdarsteller nicht Paul Newman. Robert Redford und Michael J. Pollard kamen überhaupt nicht miteinander aus. »Die beiden sind grundverschieden«, sagt Michael Ritchie, »sie stritten sich nicht, aber sie waren auch nicht freundlich zueinander. Pollard war die meiste Zeit high. Er versäumte deswegen nur einen halben Drehtag, aber die ganze Sache brachte ihn und Redford nicht gerade näher zusammen.«

Vielleicht lag die miese Stimmung aber auch an Redford, der mit seinen Gedanken schon bei *Downhill Racer* war. Er selbst gab es später sogar zu. »Ich war sehr mit *Downhill Racer* beschäftigt, als die Dreharbeiten zu *Little Fauss and Big Halsy* begannen. Ich kürzte die Sache nicht ab, ich meine, ich gab mein Bestes, aber ich habe kaum noch Erinnerungen an die Arbeit. Ich glaube, ich war uninteressiert. Ich mochte die Story, aber ich hatte zu viele andere Dinge im Kopf. Außerdem war ich ziemlich ausgebrannt.«

Little Fauss and Big Halsy erhielt sehr unterschiedliche Kritiken. Man lobte Redford, verurteilte aber den Film, der trotz eines gutes Drehbuchs vollkommen danebengegangen sei. »Das war Furies Fehler«, sagt Redford heute, »er verstand den Film einfach nicht. Er machte einen lustigen Trickfilm aus der Geschichte. Und er hatte ein großes Ego-Problem. Er hörte einfach nicht zu, wenn man ihm etwas vorschlug. Furie kann wirklich niemanden für den Mißerfolg des Films verantwortlich machen, er war ganz allein sein Werk.«

Ebenfalls am Regisseur scheiterte Redfords nächstes Projekt, der humoristische Krimi *The Hot Rock* (Vier schräge Vögel, Zwei dufte Typen). Der Film wurde nach einem hervorragenden Roman des Krimiautors Donald E. Westlake gedreht und berichtet von der Jagd auf einen besonders heißen Diamanten, der im Brooklyn Museum ausgestellt ist. Dortmunder (Robert Redford) und seine drei Spießgesellen wollen den Stein klauen, aber Alan wird auf

Robert Redford, George Segal & Co.
bomb the museum, blow the jail,
blitz the police station, break the bank
and heist **"The Hot Rock"** .... *almost*

20th Century-Fox presents ROBERT REDFORD and GEORGE SEGAL in
A HAL LANDERS-BOBBY ROBERTS Production "THE HOT ROCK"
A PETER YATES FILM Co-Starring RON LEIBMAN, PAUL SAND, MOSES GUNN,
WILLIAM REDFIELD, TOPO SWOPE and ZERO MOSTEL as Abe Greenberg
Produced by HAL LANDERS and BOBBY ROBERTS Directed by PETER YATES
Screenplay by WILLIAM GOLDMAN From the novel by DONALD E. WESTLAKE
Music QUINCY JONES PANAVISION® COLOR by DE LUXE® **GP**

THEATRE

frischer Tat ertappt und ins Gefängnis geworfen. Er hat
den Stein aber vorher auf die Seite bringen und in einem
Polizeirevier verstecken können. Dortmunder befreit
Alan, und alle vier brechen ins Polizeirevier ein. Alan ist

Vier schräge Vögel posieren für die Kamera.

am schnellsten und klaut den Stein. Zu guter Letzt lacht aber Dortmunder, er kann den Diamanten endgültig sein eigen nennen.

Für den Mißerfolg des Films wurde allein Peter Yates verantwortlich gemacht, der Regisseur des Hits *Bullit.* »Er ist ein reiner Action-Regisseur«, sagt Redford, »und als Engländer hat er natürlich einen britischen Humor. *The Hot*

Der deutsche Verleih machte aus ›Vier schräge Vögel‹ ›Zwei dufte Typen‹.

Rock war ein sehr amerikanischer Film mit sehr viel amerikanischem Humor. Yates kannte die Amerikaner gut genug, um einen amerikanischen Film zu drehen, aber er kam nicht mit dem amerikanischen Humor zurecht.« Dennoch war der Schauspieler einigermaßen mit dem Film zufrieden. »*The Hot Rock* ist sicher nicht der gehaltvollste Film, den ich gemacht habe, aber ich bereue ihn nicht. Ich bereue überhaupt nichts, was ich getan habe. Wenn ich noch mal auf die Welt käme, würde ich alles genauso machen. Ich würde *Love Story* und *The Godfather* (Der Pate) und *French Connection* ablehnen, diese Filme sprachen mich einfach nicht an damals. Zu den Filmen, die ich gedreht habe, stehe ich, auch wenn manche in die Hose gingen.«

Drei Pleiten in Folge, eigentlich vier, wenn man den Western *Tell Them Willie Boy Is Here* dazurechnet – ein bißchen viel für einen Superstar, aber die nächsten drei Filme sollten alle groß einschlagen. *The Candidate (Der Kandidat)*, *Jeremiah Johnson* und nicht zuletzt *The Way We Were* (So wie wir waren, Cherie Bitter). Die bittersüße Liebesgeschichte kam allerdings nur langsam auf Touren. Wieder einmal rührten zu viele Köche in dem Brei, allen voran Ray Stark, der Produzent. Er plante den Film als Vehikel für Barbra Streisand, die er bereits am Broadway herausgebracht hatte. Als männlichen Hauptdarsteller wollte er Ryan O'Neal haben, aber der als Regisseur verpflichtete Sidney Pollack bestand auf seinem Freund Robert Redford. Das Dumme war nur, Robert Redford wollte nicht. »Ein Haufen Schrott«, kommentierte er das Drehbuch. »Ich denke nicht daran, mitzuspielen.«

Pollack ließ sich nicht beirren. »Ich war bereit, mich von dem Film zurückzuziehen, wenn ich Bob nicht kriegen konnte«, sagte er später. »Wir brauchten einen starken Hauptdarsteller, der sich gegen Barbra Streisand behaupten konnte. Sie sticht ihre Partner reihenweise aus, überrollt sie einfach. Wer erinnert sich denn noch an Omar Sharif in *Funny Girl?* Genau dasselbe konnte hier passieren. Der einzige Darsteller, der neben ihr bestehen konnte, war Redford. Auch Ryan O'Neal, den ich wirklich mag und schätze, stand gegen sie in *What's Up, Doc?* (Is was, Doc?) auf verlorenem Posten. Es mußte einfach Redford sein.«

Pollack redete mit Engelszungen auf seinen Freund ein,

Robert Redford und George Segal jagen den Diamanten.

aber der ließ sich nicht erweichen. »Worum geht's eigentlich in diesem verdammten Film?« fragte Bob. »Was ist das für ein Typ, den ich spielen soll? Er ist ein Objekt, ein Nichts ... er läuft nur rum und sagt: ›In Ordnung, Katie, in Ordnung!‹ Er will nichts, und sie will alles. Was will dieser Kerl? Was will dieser Kerl, Pollack?«

Der Regisseur gab nicht nach, versprach Redford, mit den

Dreharbeiten erst im Herbst zu beginnen, damit er im Sommer entspannen könne. Es nützte alles nichts. Schließlich wurde es Ray Stark zuviel. »Okay«, sagte der Produzent, als Redford wieder mal nebenan im Büro saß, »ich gebe Ihnen noch eine Stunde, Pollack. Wenn Redford dann nicht unterschrieben hat, nehme ich Ryan O'Neal.« Pollack hastete zu seinem Freund ins Büro, und die Arie begann von neuem. Nach einer Stunde waren die beiden so weit wie vorher. »Noch zehn Minuten, Stark!«

Die zehn Minuten verstrichen, und endlich sagte Redford zu. Pollack ging erleichtert zu Stark zurück. »Ich sagte nur zu«, gab Redford später zu, »weil ich Pollack zutraute, mehr aus dem Charakter zu machen, als im Drehbuch stand. Sonst hätte ich die Rolle nie angenommen. Im Drehbuch erschien mir der Charakter langweilig und oberflächlich. Nicht sehr lebensnah, mehr so, wie Klein-Fritzchen sich einen charmanten Prinzen vorstellt. In dem veränderten Skript wurden dann auch die Schattenseiten dieses Golden Boy deutlich, seine Angst vor sich selbst. Unsere Idee war, einen Mr. Perfect zu zeigen, der gar nicht so perfekt war, wie es den Anschein hatte. Sidney und ich waren auch der Meinung, daß es zwischen Katie und Hubbell zu einer größeren Auseinandersetzung kommen sollte. In dem Originalskript war der Typ ziemlich passiv, er war ein Objekt ihrer Liebe. Sie liebte ihn und liebte ihn und liebte ihn, und dann gingen sie auseinander. Deshalb erfanden wir einen großen Streit in der Union Station.«

Dort begannen auch die Dreharbeiten, die sich als äußerst schwierig herausstellten. »Die Alpträume begannen ziemlich schnell«, erinnert sich Pollack recht ungern. »Wir waren sehr besorgt wegen des Drehbuchs, nicht nur wegen Bobs Rolle; wir hatten auch Schwierigkeiten, den politischen Aspekt des Films in die Liebesgeschichte einzubauen. Während der Dreharbeiten schrieben wir ständig das Skript um.

Die Columbia wurde ziemlich nervös. Sie hatten gerade

Das Foto täuscht. Barbra Streisand und Robert Redford hatten ihre Probleme.

Robert Redford und Barbra Streisand in ›The Way We Were‹ (So wie wir waren, Cherie Bitter).

ein schlechtes Jahr, das Management wurde gewechselt, und von einem Hit war weit und breit nichts zu sehen. Wir hatten den Etat bereits überschritten und schrieben immer noch um. Bob kam nicht mit Ray Stark zurecht und ich noch weniger. Es gab eine ganze Reihe von Problemen.«
Hinzu kam, und das war beinahe zu erwarten gewesen, daß Redford und die Streisand alles andere als gut miteinander auskamen. Ihre Auffassung von der Filmarbeit war einfach zu verschieden. »Sie redete und redete und redete«, erinnert sich Redford stöhnend, »sie trieb mich zum Wahnsinn. Komisch war nur, daß sie nach dem stunden-

Robert Redford und Barbra Streisand: so wie wir nicht sind.

langen Geplapper genau das tat, was sie schon zu Beginn vorgehabt hatte.« Es kam aber zu keinem Streit, und die beiden betonten auch immer wieder, großen Respekt vor dem Können des anderen zu haben.

Redford spielt Hubbell Gardiner, einen jungen College-Studenten, der überhaupt nichts mit Politik am Hut hat und ein berühmter Autor werden will. Die Streisand ist in der Rolle der Katie Morosky zu sehen, einer jüdischen Radikalen, die nur ihre Politik und die Kommunistische Partei im Kopf hat. Die beiden mögen sich und verlieren sich auch nach dem Studium nicht aus den Augen. Katie betätigt sich immer noch politisch, und Hubbell hat inzwischen sein erstes Buch veröffentlicht. Es kommt zu einer aufregenden Liebesaffäre, die besonders bei Hubbell starke Nerven erfordert, da Katie ihn ständig mit ihrer Politik nervt, an seinen langweiligen Freunden rummeckert und sein Buch zerpflückt. Hubbell will sich aus dem Staub machen, aber Katie bleibt am Ball. Die beiden ziehen nach Hollywood, wo Hubbell das Drehbuch zu seinem Roman schreiben will. Wieder kommt die Politik dazwischen. Katie beteiligt sich an Demonstrationen gegen die amerikanische Regierung, Hubbell soll sein Drehbuch umschreiben und zweifelt an seinem Können. Die beiden trennen sich. Viele Jahre später treffen sie sich in New York auf der Straße wieder. Katie ist wieder verheiratet und demonstriert gerade wieder einmal. Sie erkennen, daß sie sich immer noch lieben, aber einfach nicht füreinander geschaffen sind.

The Way We Were wurde zu einem überwältigenden Erfolg – bei der Kritik und an den Kinokassen. Er zählt auch heute noch zu den erfolgreichsten Filmen aller Zeiten, sehr zum Erstaunen von Robert Redford, dem bei der Vorpremiere beinahe schlecht wurde. Die Wahrheit erfuhr er von seiner Frau, die sich den Film am Eröffnungstag selber anschaute. Sie kam nach Hause und sagte: »Ein sehr schöner Film, Bob. Du bist großartig!« Er soll nur ungläubig den Kopf geschüttelt haben.

Noch erstaunter und manchmal auch ärgerlich reagierte er allerdings beim Anblick der vielen Illustriertenberichte, die in den folgenden Wochen über ihn erschienen. Durch *The Way We Were* war er zum Sexsymbol geworden, zum Schwarm aller Frauen und Mädchen zwischen acht und achtzig. »Das hat meiner Karriere ziemlich geschadet«, sagt er heute, »ich war in anderen Rollen nicht mehr so glaubhaft. In manchen Artikeln wurde ich ja direkt zu einer Art Gott hochgespielt. Dabei bin ich ein Mensch wie jeder andere auch.«

Hubbell (Robert Redford) will ein berühmter Autor werden.

Vielleicht nahm Robert Redford die Rolle des Johnny Hooker in *The Sting* (Der Clou) an, weil Frauen in diesem Film kaum eine Rolle spielen. Oder war es doch der Wunsch, wieder mit George Roy Hill und Paul Newman zusammenzukommen und erneut ordentlich einen draufzumachen? Für die Öffentlichkeit war es jedenfalls kaum verwunderlich, daß das erfolgreiche Team von *Butch Cas-*

sidy and the Sundance Kid den Erfolg dieses Western wiederholen wollte. Die Leute konnten nicht ahnen, daß die drei gar nicht unbedingt auf einen Knüller aus waren und eigentlich nur an *The Sting* herangingen, weil die Dreharbeiten so viel Spaß versprachen. Vom Drehbuch war anfangs keiner von ihnen besonders begeistert.

»Ich sprang nicht gerade vom Stuhl und schrie ›Eureka!‹«, als ich das Skript las«, berichtet George Roy Hill, »aber ich fand es nicht schlecht und hielt es für einen guten Füller, um die Wartezeit bis zu unserem nächsten Film zu überbrücken. Außerdem hielt ich Redford für einen guten Johnny Hooker, er war wie geschaffen für diese Rolle.«

Redford war da anderer Meinung. »Bob wollte nicht so recht, obwohl er von dem Skript einigermaßen angetan war«, berichtet Hill, »wahrscheinlich, weil der Dreh-

Redford in einer Szene von ›The Sting‹ (Der Clou).

Robert Redford als Johnny Hooker in ›The Sting‹ (Der Clou).

buchautor David Ward auch Regie führen wollte. Bob wollte keinen neuen Regisseur für ein Skript, das er nicht besonders hervorragend fand. Als er erfuhr, daß ich die Regie übernahm, sagte er aber zu.«
An Paul Newman dachte zu dieser Zeit noch niemand. Weder Hill noch Redford hielten die Rolle des Henry Gondorff groß und vielseitig genug für den gemeinsamen

Betrügen gilt nicht. Johnny (Robert Redford) beim Kartenspiel.

Freund. Sie wagten es einfach nicht, ihm eine so mickrige Rolle anzubieten. Newman kam dahinter und hängte sich ans Telefon. »He, George, ich hab' gehört, du willst einen neuen Film mit Bob drehen. Warum, zum Teufel, bin ich nicht dabei?« Hill teilte ihm seine Vorbehalte mit, versprach aber, das Skript zu schicken. Ein paar Tage später meldete sich Newman erneut. »He, George, du hast recht.

Ein ganzer Gauner: Redford als Johnny Hooker.

Die Rolle ist wirklich nichts für mich!« Da begann Hill der Teufel zu reiten. Er machte eine Kehrtwendung und bettelte Newman, bei *The Sting* mitzumachen. »Es ist die Rolle deines Lebens!« oder so ähnlich muß er wohl zu ihm gesagt haben. »Wir schreiben auch ein bißchen um!« Newman sagte zu, und Redford war schockiert. »Das darf doch nicht wahr sein! Du hast ihm wirklich die Rolle ange-

145

boten?« George Roy Hill war selbst nicht mehr ganz wohl in seiner Haut, aber bei einer gemeinsamen Besprechung wurden alle Vorbehalte ausgeräumt. »Ach, zum Teufel«, sagte Paul Newman, »in der Rolle steckt zwar wirklich nicht viel, aber wir hatten doch immer so viel Spaß zusammen. Laßt es uns machen!«

The Sting erzählt die Geschichte von zwei Gangstern im Chicago der dreißiger Jahre. Johnny Hooker (Robert Redford) wird ins Mekka der Gesetzlosen geschickt, um dort an die ganz große Kohle heranzukommen. Dort erfährt er, daß sein Freund Coleman von Gangstern umgebracht wurde, die nun auch ihm auf der Spur sind. Er tut sich mit Henry Gondorff zusammen, der ebenfalls mit Coleman befreundet war. Die beiden Gangster beschließen, den Mörder ihres Freundes aufs Glatteis zu führen. Sie eröffnen ein Wettbüro in einer berüchtigten Slumgegend. Lieutenant Snyder von der Polizei erscheint und will Hooker verhaften, aber dann taucht der FBI-Agent Polk auf und schlägt ein Geschäft vor. Er verzichtet darauf, Hooker und die Witwe des toten Coleman ins Gefängnis zu werfen, wenn Hooker seinen Freund Gondorff verrät. Snyder sieht zu und freut sich, daß man ihm die Arbeit abnimmt.

Die Sache geht über die Bühne. Hooker hat den großen Lonnegan, der Gondorff an den Kragen will, inzwischen davon überzeugt, auf seiner Seite zu sein. Er schlägt ihm vor, den armen Gondorff in die Pleite zu treiben. »Wetten Sie eine Million auf Syphon!« sagt er zu Lonnegan. Der tut, wie ihm geheißen, aber Hooker macht in Panik. »Auf Platz, nicht auf Sieg!« Lonnegan will sein Geld zurück, aber zu spät. Polk und seine Männer stürmen den Laden. Gondorff erkennt den angeblichen Verrat und erschießt Hooker. Polk erschießt Gondorff. Snyder und Lonnegan fliehen und lassen die Million im Stich. Kaum sind sie weg, stehen Gondorff und Hooker quietschvergnügt auf. Sie haben ihren Tod nur vorgetäuscht, denn Polk war ja einer

Johnny (Robert Redford) hat Probleme. Eine Szene aus ›The Sting‹ (Der Clou).

von Gondorffs Leuten.

Mit einem solchen Drehbuch konnte natürlich nichts schiefgehen, und es ging auch nichts schief. Im Gegenteil, der Film wurde noch erfolgreicher als *Butch Cassidy and the Sundance Kid* und trieb Kritik und Publikum zu wahren Begeisterungsstürmen. *The Sting* wurde für sage und schreibe zehn Oscars nominiert. Es wurden sieben daraus, darunter die wichtigsten für die beste Regie und den besten Film. Redford selbst ging leer aus, war aber ganz froh darüber. »Als ich nicht gewann, war ich erleichtert. Ich hatte ihn nicht verdient.«

Einem der größten Hits in Redfords Karriere folgte eine der größten Pleiten: *The Great Gatsby* (Der große Gatsby). Der bekannte Kultroman von F. Scott Fitzgerald war bereits zweimal verfilmt worden, aber die in den Jahren 1926 und 1949 produzierten Streifen waren beim Publikum durchgefallen. 1972 war man optimistischer. Erstens wollte man es besser als die Vorgänger machen, und zweitens schwappte gerade die große Nostalgiewelle über den Kontinent und schuf beste Voraussetzungen für einen Film dieser Art. Die zwanziger Jahre waren in, und man tanzte sogar wieder Charleston. Man vergaß, daß Fitzgeralds Buch eher ein Stimmungsgemälde als ein Roman ist und sich nicht gerade für eine Verfilmung eignet.

Erzählt wird die Geschichte eines geheimnisvollen reichen Mannes, des großen Gatsby (Robert Redford). Nick Carraway wohnt nebenan und ist mit Tom Buchanan und seiner Frau Daisy (Mia Farrow) befreundet. Durch Zufall kommt es zu einem Treffen zwischen Nick und Gatsby. Gatsby gesteht seinem Nachbarn, daß er Daisy mal heiraten wollte. Ob er nicht ein Treffen arrangieren könne? Nick kann, und die Romanze zwischen Gatsby und Daisy lebt wieder auf. Tom Buchanan erfährt vom Verhältnis seiner Frau und wird wütend, ohne zu verraten, daß er selbst ein Verhältnis mit der schönen Myrtle hat. Genau diese Myrtle kommt bei einem Verkehrsunfall ums Leben, den Daisy verursacht. Gatsby nimmt die Schuld auf sich und wird von Tom Buchanan erschossen.

Ohne Fitzgeralds Prosa liest sich die Story wie eine schmalzige Liebesgeschichte, und mehr wurde auch nicht daraus. Obwohl so etwas zu erwarten war, bekam der Film die größte Voraus-Publicity seit *Cleopatra* (Kleopatra). In jeder Gazette und in jedem Magazin wurde über den zu erwartenden Supererfolg geschrieben. Der »Gatsby Look«

Robert Shaw, Robert Redford und Paul Newman in ›The Sting‹ (Der Clou).

wurde zum neuen Schlagwort, die Frisuren aus dem Film wurden kopiert, die Kleider und Anzüge wurden von den großen Warenhäusern auf den Markt geworfen. Monatelang war *Gatsby* das große Thema, obwohl niemand den Film bisher gesehen hatte. Aber was sollte schon schiefgehen bei der Besetzung?

Es ging eine ganze Menge schief und begann schon Monate vor dem ersten Drehtag. Ali McGraw, wahrlich keine große Schauspielerin, bewarb sich um die Rolle der Daisy und bekam sie auch zugesichert. Kein Wunder, sie war damals mit Bob Evans verheiratet, dem Produktionschef der Paramount. Beziehungen sind eben alles. Für die männliche Hauptrolle waren Warren Beatty und Jack Nicholson im Gespräch, die beide Interesse zeigten, aber nur unter-

Der große Gatsby – die große Pleite.

zeichnen wollten, wenn Ali McGraw das Handtuch warf. Kein Gedanke daran. In seiner Verzweiflung wandte sich Evans an Marlon Brando, obwohl der viel zu alt für die Rolle war, aber zum Glück verlangte der eine so horrende Gage, daß gar kein Gedanke an seine Verpflichtung aufkam. Blieb Redford, und der interessierte sich tatsächlich für die Rolle. »Ich wollte den Gatsby unbedingt spielen«,

Eine Szene aus ›The Great Gatsby‹ (Der große Gatsby).

verrät er. »Im Buch wird sein Charakter nicht vollkommen ausgeleuchtet, das wollte ich im Film nachholen.«

Also Redford. Blieb noch ein guter Regisseur. Wieder wurden Namen in den Raum geworfen: Peter Bogdanovich, Arthur Penn, Michael Nichols. Alle drei zeigten Interesse, aber nur, wenn Ali McGraw ausstieg. Man stelle sich die Miene von Bob Evans vor. Alle wollten am großen

Zwei Verliebte finden zueinander: Robert Redford und Mia Farrow in ›The Great Gatsby‹ (Der große Gatsby).

Gatsby-Abenteuer teilhaben, aber niemand wollte etwas mit seiner Frau zu tun haben. Man einigte sich auf Jack Clayton, einen britischen Regisseur, der *Love Story* wohl verpaßt hatte.

So richtig kompliziert wurde es erst, als sich Bob Evans und Ali McGraw scheiden ließen. Evans zog sich zurück und überließ David Merrick die Produktion. Der erinnerte

Schöne Farben, schöne Menschen, schöner Kitsch.

sich an einen Anruf von Freddie Fields. »Er fragte mich, ob ich an Steve McQueen interessiert sei. Ich antwortete ihm: ›Wir haben Redford unter Vertrag und sind sehr glücklich mit ihm!‹ Er sagte: ›Dann suchen Sie halt nach einer anderen Hauptrolle für Redford. Geben Sie McQueen den Part. Nur so bekommen Sie Ali McGraw. McQueen erlaubt ihr nicht, in dem Film mitzuspielen, wenn er nicht die Hauptrolle bekommt.‹ Na, ich dachte nicht im Traum daran. Das Ergebnis war, daß sich Ali McGraw zurückzog. Sie verlor ihren Mann und einen Film.«

Zur neuen Daisy wurde Mia Farrow erkoren. »Sie hatte ein aristokratisches Aussehen«, erinnert sich Merrick. »Und sie brachte was Mystisches mit, das sie besonders interessant machte.« Damit hatte man zwar eine Traumbesetzung, aber keinen guten Film. *The Great Gatsby* enttäuschte auf der ganzen Linie und blieb genauso oberflächlich wie die Modekampagne, die Wochen zuvor durch alle Zeitschriften gegangen war. Übrig blieb ein schön anzuschauender Kitschfilm mit wenig Handlung und schmalzigen Liebesszenen. Die Kritik zerriß den Streifen nach Strich und Faden und machte sich über einen der größten Reinfälle in der Filmgeschichte lustig.

Redford reagierte wütend. »Bei der ganzen Kritik ging es doch nur ums Image«, sagt er. »Die Kritiker schrieben, der Redford sehe zu gut aus. Zur Hölle, bei Fitzgerald steht nirgendwo geschrieben, daß Gatsby nicht gut aussah. Haben die das Buch denn überhaupt gelesen?«

Kritik hin, Kritik her – *The Great Gatsby* war ein schlechter Film. *The Great Waldo Pepper* (Tollkühne Flieger) war da schon von ganz anderem Kaliber. Kein Wunder, die Idee stammte von George Roy Hill und das Drehbuch von William Goldman, zwei Könnern, die schon mehrmals mit Redford zusammengearbeitet hatten. Paul Newman war allerdings diesmal nicht mit von der Partie, da er anderswo engagiert war, und der Film nur eine Hauptrolle zu bieten hatte.

Oscar-Preisträger George Roy Hill erfüllte sich mit *The Great Waldo Pepper* einen langgehegten Wunsch. Er kurvte ja selbst mit einem alten Doppeldecker am Himmel herum und hatte schon immer davon geträumt, einen Film über die Kunstfliegerei der zwanziger Jahre zu drehen. Goldmans Drehbuch konzentriert sich auf Waldo Pepper, einen dieser wilden Burschen, der sich auf einen Zwei-

Ein glückliches Paar: Robert und Lola.

kampf mit seinem Konkurrenten Axel Olsson (Bo Svenson) einläßt. Die beiden bekämpfen sich bis aufs Messer, müssen aber zusammenarbeiten, als sie sich dem Flying Circus von Doc Dillhoefer anschließen. Die schöne Mary (Susan Sarandon) ist immer dabei. Bei einem der tollkühnen Stunts verletzt sich Waldo. Er wird von seinem Freund Ezra gesundgepflegt und verliebt sich in dessen Schwester

Maude. Wieder gesundet, will er in einem von Ezra ent-
wickelten Flieger einen tollkühnen Looping fliegen. Es
kommt zu einer Katastrophe, und Waldo denkt ans Auf-
hören. Aber ohne Flugzeuge kann er nicht leben. Er geht
als Stuntman nach Hollywood und geht zusammen mit
dem deutschen Flieger Ernst Kesseler in die Luft, den er
angeblich im Krieg bekämpft haben soll. Jetzt kommt es
wirklich zu einem Kampf, und die beiden nötigen sich gegenseitig viel Respekt ab.

»Ich machte diesen Film aus Spaß«, gibt Redford zu. »Wie
The Sting. Er hatte keine Botschaft, bot aber viel Action
und Unterhaltung.« Um den Spaß an der Freude ging es
auch Regisseur Hill. »Bevor wir mit den Dreharbeiten begannen, nahm ich Bob in meinem Doppeldecker mit«, erzählt er. »Wir machten so ziemlich allen Unsinn, den man
am Himmel machen kann, und er flippte beinahe aus vor
Freude.«

Harte Arbeit hatten die Stuntmen während der Dreharbeiten zu verrichten. Sie saßen tiefgeduckt in ihrem Sitz
und konnten kaum nach draußen schauen, während Redford auf dem Rücksitz hockte und der Kamera die Illusion
vermittelte, er säße selbst am Ruder. »Bob war nicht nervös, aber ein bißchen mulmig war ihm schon zumute«, berichtet Hill. »Na, wenn irgend etwas passiert wäre, hätte er
ja auch nicht nach dem Steuer greifen können, weil er
nicht fliegen gelernt hatte. Dieses Gefühl der Hilflosigkeit
machte ihm schon zu schaffen, er hat die Dinge gern unter
Kontrolle.«

Richtig gefährlich wurde es nicht, obwohl es zu einigen
Karambolagen kam und ein Pilot sogar in einer Hochspan-
nungsleitung landete. »Ich wußte genau, wie weit ich gehen durfte«, sagt Hill, »ich habe von niemandem etwas
verlangt, was ich nicht selbst getan hätte. Ich kletterte sogar auf die Tragfläche eines Fliegers, nicht um meinen Mut
zu beweisen, sondern um eine Einstellung zu testen.«

Viel Rummel verursachte das Gerücht, Redford sei wäh-

Robert Redford als Waldo Pepper.

rend einer Einstellung selbst auf der Tragfläche herumge-
klettert, um von einem Flugzeug ins andere zu kommen.
Das stimmte nur zur Hälfte. Redford war dabei, herauszu-
klettern, mußte dann aber einen Rückzieher machen, weil
Hill nicht zuviel riskieren wollte. »Wir ließen ihn nur bis
zur ersten Strebe laufen«, erinnert sich Hill, »dann holten
wir ihn zurück. Die Sache wurde doch zu gefährlich.«

Waldo Pepper als Held beim Flying Circus.

The Great Waldo Pepper bleibt als humorvoller und spannender Action-Film in Erinnerung. Nicht umsonst wird er
auch heute noch oft im Fernsehen gezeigt. Der Spaß, den
alle Beteiligten bei den Dreharbeiten hatten, wird auch im
fertigen Film deutlich und macht das Zuschauen zu einem
einzigen Vergnügen. Wie Redford gesagt hatte: kein Film,
der eine Botschaft transportiert, aber viel Action.

Bruchlandung. Eine Szene aus ›The Great Waldo Pepper‹ (Tollkühne Flieger).

Nur wegen des Geldes nahm Redford an zwei Großprojekten teil, die er den Regisseuren gegenüber als »Bullshit« und »Popcornunterhaltung« abtat: *Three Days of the Condor* (Die drei Tage des Kondor) und *A Bridge Too Far* (Die Brücke von Arnheim). Der CIA-Thriller *Three Days of the Condor* führte ihn wieder mit seinem Freund Sidney Pollack zusammen, dem er den Film mit den folgenden

Robert Redford und Susan Sarandon in ›The Great Waldo Pepper‹ (Tollkühne Flieger).

Worten schmackhaft machte: »Warte mal, Sid! Ich hab' da gerade 'ne Sache gelesen, mit der wir sofort loslegen können. Das Ding ist große Scheiße, aber genau das, wovon wir immer gesprochen haben, nichts mit Tiefgang und so. Ein Popcornfilm, ein Thriller!«

Mehr kam auch nicht heraus, ein spannender Film ohne viel Tiefgang, aber ganz so einfach war's mit dem Geldver-

Tollkühne Flieger in einer ratternden Kiste.

dienen nun auch nicht. Robert Redford hatte die Rechnung nämlich ohne Faye Dunaway gemacht, die ihre Sache sehr ernst nahm und sich immer wieder in Diskussionen einließ. Dieselben Probleme wie mit Barbra Streisand tauchten auf, und Bob bereute schon, zugesagt zu haben. Mit den Gedanken war er sowieso schon bei *All the President's Men*, was Sidney Pollack nicht gerade erheiterte,

Und Mary ist immer dabei – Susan Sarandon und Robert Redford in ›The Great Waldo Pepper‹ (Tollkühne Flieger).

Zwei Helden im edlen Wettstreit: Bo Svenson und Robert Redford.

Robert Redford in ›A Bridge Too Far‹ (Die Brücke von Arnheim).

seinem routinierten Spiel aber keinen Abbruch tat.
»Wenn er mal anfängt zu arbeiten«, sagt Pollack, »dann ist
er hundertprozentig bei der Sache.«
Der Kriegsfilm *A Bridge Too Far* war einer von diesen
Mammutfilmen, in denen ein riesiges Aufgebot an Stars
historische Ereignisse bewältigt. Da gab es keine Diskussionen und kein Nachdenken, jeder dachte nur an seine

Auf der Brücke von Arnheim tobt ein verbissener Kampf.

Gage, und die war im Falle Robert Redford ziemlich hoch. Zwei Millionen Dollar, um genau zu sein. Kein schlechter Verdienst für drei Wochen Arbeit. Aber auch der Beweis dafür, daß Robert Redford tatsächlich zum Superstar geworden war. Zum größten Kassenmagneten Hollywoods, den man nur vorzuzeigen brauchte, um das Publikum in Massen anzulocken. Nicht schlecht, wenn man seine Haushaltskasse aufbessern will, aber Redford wollte ja mehr, viel mehr. Sein wirkliches Leben stimmte nicht mit dem Image des Golden Boy überein, das überall in der Presse verbreitet wurde, und er wollte nicht nur Spaß haben, Mädchen zum Weinen bringen und eine große Kasse machen. Der Rebell, der Aussteiger in ihm war immer noch lebendig. Und er wollte seine Botschaft loswerden.

5. Teil

Der Liberale

»Ich glaube, ein Politiker muß einen Teil seiner selbst verkaufen, und dazu bin ich nicht bereit.«

ROBERT REDFORD

Robert Redford, der Golden Boy. Der Superstar, der Schwarm aller Mädchen, der nette blonde Junge mit dem gemusterten Skipullover. Der ewig lächelnde Sonnyboy, der All-America-Boy, der sportliche und drahtige Typ aus Kalifornien. So las man es jahrelang in der Regenbogenpresse und nicht nur da. Einen traurigen, einen ärgerlichen Redford, einen Mann, der sich Gedanken macht über die Zukunft und für seine Rechte kämpft, so einen Robert Redford gab es nicht. Robert Redford ein Liberaler, ein politischer Mensch? Kein Gedanke daran. Ein Superstar wie Redford interessiert sich nicht für Politik, der läßt sich von Mädchen umschwärmen und zählt sein Geld. Die Politik überläßt er einer Jane Fonda, aber selbst die ist ja inzwischen vernünftig geworden und macht Aerobic.

Selbst heute glauben das noch einige unverbesserliche Zeitgenossen. Weil sie sich einfach nicht vorstellen können, daß auch ein Superstar sich Gedanken über die Zukunft macht. Mit Geld kann man nicht alles kaufen. Robert Redford weiß es am besten. Keine Freiheit, keinen bedächtigen Präsidenten, keine saubere Umwelt. Der Star, den viele, die ihn nicht kennen, oberflächlich nennen, setzt sich aktiv für die von ihm angestrebten Belange ein. Nicht so lautstark wie seine Freundin Jane Fonda, aber nicht minder eifrig und engagiert.

Robert Redford trinkt keinen Alkohol, weil er selbst die Auswirkungen kennengelernt hat. Er raucht nicht, weil er den Beteuerungen der Wissenschaftler glaubt. Er schützt seine Familie, weil auch ein Superstar das Recht auf eine Privatsphäre hat. Er kämpft für das Recht des Einzelnen und für eine saubere Umwelt, weil er in Kalifornien am eigenen Leib erfahren hat, wie man ein Land zubauen und verschandeln kann. Und er dreht Filme darüber, weil er glaubt, daß eine ernsthafte Botschaft nur in Unterhaltung verpackt an die Leute gebracht werden kann. Was nützen Appelle, wenn niemand zuhört? Was bringen Dokumentationen, wenn niemand zusieht?

Bereits in seinen Western, besonders in *Jeremiah Johnson* war etwas von diesen Anliegen zu spüren gewesen. Zum Frontalangriff aber ging Redford erst in seinem Film *The Candidate* (Der Kandidat) über, dessen Idee ihm beim Fernsehen kam, als er sich die Wahlkampagnen von Nixon und Humphrey im Sommer 1968 anschaute. »Was ich da sah, machte mir Angst«, erinnert er sich, »es sah alles so eingeübt aus. Nixon wirkte so leblos wie eine Figur aus dem Wachsmuseum, und die Fragen und Antworten wirkten alle eingeübt, aber das Publikum schluckte es. Selbst Humphrey zerstörte alles, wofür er anfangs eingetreten war. Da hast du einen Stoff für einen guten Film, dachte ich mir. Ich begann also zu recherchieren. Stöberte in den Kennedy-Archiven, sprach mit Senatoren, Fernsehjournalisten und politischen Kommentatoren. Dann rief ich Mike Ritchie an und fragte ihn, was er davon hielt.«

Der Regisseur war begeistert, obwohl es noch kein Drehbuch gab, und als es endlich vorlag, ging Redford bei den großen Studios hausieren. Die Antworten hatte er beinahe erwartet. Politik rühren wir nicht an, ein viel zu heißes Eisen, das wollen die Leute nicht sehen. Aber Redford blieb stur, wie gewöhnlich. Und er hatte das Glück, auf Richard Zanuck zu treffen, der inzwischen bei Warner Brothers angeheuert hatte. Er glaubte an den Stoff oder zumindest an eine einträgliche Kasse, wenn Redford mitspielte.

The Candidate schildert die Kampagne des Politikers Bill McKay, eines jungen und idealistischen Rechtsanwalts, der in die Politik geht und viel von seinem Glanz verliert. Er läßt sich auf eine Kampagne gegen den sieggewohnten Crocker Jarmon ein, stellt allerdings die Bedingung, ohne politischen Druck arbeiten zu können. Außerdem soll sein Vater, der ehemalige Gouverneur von Kalifornien, aus der Sache herausgehalten werden. Die Partei stimmt zu. Als unverbrauchter und junger Mann gewinnt der Kandidat viel Sympathien, und seine Chancen werden immer besser. Die Gegenpartei greift zu bewährten politischen

Mitteln, versucht ihn zu denunzieren und zu erpressen, aber McKay gibt nicht auf. Im Gegenteil, er fordert seinen Gegner in einer Fernsehdiskussion. Crocker Jarmon ist siegessicher, hat er doch schon mehr als eine Diskussion hinter sich. Live im Fernsehen wirft McKay seinem Gegner vor, an den Problemen vorbeizureden. Jarmon verliert die Nerven und beginnt zu schreien. McKay gewinnt.

The Candidate wurde ein sehr realistischer Film. Redford hatte monatelang recherchiert, der Regisseur hatte selbst schon einmal an einer Kampagne teilgenommen und wußte über die Hintergründe Bescheid, und Experten wie Jeremy Larner, der Reden für Humphrey geschrieben hatte, wurden als Berater verpflichtet. Der Film wurde so lebensnah, daß einige Kritiker sogar vermuteten, er basiere auf der Kampagne eines echten Kandidaten. Der Name Kennedy wurde am meisten genannt. Aber Ritchie winkt ab. »Wir dachten nicht an die Kennedys. Die waren doch von Anfang an politisch interessiert. Wenn wir wirklich jemanden im Hinterkopf hatten, dann einen Mann wie Ralph Nader oder Jerry Brown. Leute, die Politik eigentlich ablehnen, aber dann doch darin verwickelt werden. Was geschieht mit einem solchen Mann? Nur das wollten wir zeigen.«

Keine leichte Rolle, wie Redford später zugab. »Es war unheimlich schwer, diesen Kandidaten darzustellen. Ich mag keine Menschenaufläufe. Ich hasse es, einen Anzug zu tragen. Ich bin kein Politiker, deshalb ist *The Candidate* auch kein politischer Film geworden.« Immerhin gelang ihm die Darstellung so überzeugend, daß ihn einige Leute überreden wollten, tatsächlich in die Politik zu gehen. »Ich habe darüber nachgedacht«, sagt Redford, »und kam zu dem Schluß, daß ich keinen Gefallen daran finden würde. Ich kann mir nicht vorstellen, daß ein Politiker nach einer solchen Kampagne noch sein eigener Herr ist. Ich glaube,

Robert Redford als geschniegelter Kandidat.

Redford in ›The Candidate‹ (Der Kandidat).

ein Politiker muß einen Teil seiner selbst verkaufen, und dazu bin ich nicht bereit.«

Der Kampf des Einzelnen gegen den Apparat, das Auflehnen des Individuums, Zivilcourage in einer von bestechlichen Politikern regierten Welt, das war auch das Thema des erfolgreichsten politischen Films aller Zeiten: *All the President's Men* (Die Unbestechlichen). Ausgerechnet

Der Kandidat hat es geschafft!

während der Premiere von *The Candidate* war es zu einem der unglaublichsten Vorfälle in der Geschichte der Vereinigten Staaten von Amerika gekommen. Am 17. Juni 1972 werden fünf Männer während eines Einbruchs im Watergate-Komplex, dem Hauptquartier der Demokratischen Partei, auf frischer Tat ertappt. Carl Bernstein und Bob Woodward, zwei Reporter der *Washington Post,* sollen

Oben: Melvyn Douglas und Robert Redford in ›The Candidate‹ (Der Kandidat).

Rechts: Polizeischutz für Bill McKay.

recherchieren und stoßen auf ein gigantisches Verbrechen. Die Regierung hat das FBI und die CIA dazu mißbraucht, die Kampagne der Gegenpartei zu sabotieren. Das Weiße Haus dementiert, und Nixon wird wiedergewählt, muß aber wenig später von seinem Amt zurücktreten. Die beiden Reporter hatten bewiesen, daß die Regierung ein Verbrechen begangen hatte.

Keine erfundene Story, sondern bittere Wahrheit. Natürlich verfolgte auch Robert Redford die unglaublichen Vor-

fälle und sah gleich einen potentiellen Film. Er setzte sich mit den beiden Reportern in Verbindung, die ihm offenbarten, daß sie gerade an einem Buch über ihre Recherchen arbeiteten. Redford kaufte die Rechte für 450 000 Dollar, noch bevor das Buch erschien und auf den ersten Platz der Bestsellerlisten kam. Woodward warnte allerdings davor, seine und Bernsteins Person zu sehr in den Mittelpunkt zu rücken, obwohl er zugeben mußte, daß ein Film irgendeinen Aufhänger brauchte. »Das konnten die Reporter sein«, sagte er, »sie gaben dem Film eine *story line.*«

Redford war nicht so sehr an der Rolle interessiert, die er in dem Film spielen würde. Er wollte sich auch nicht an eine Sensation oder einen Bestseller hängen. Ihn sprach der menschliche Aspekt an, der Kampf zweier Menschen und einer Redaktion gegen einen eingespielten Staatsapparat. Und er war davon fasziniert, ein Problem mit den Augen von Reportern zu sehen. »Es war ein doppelschneidiges Schwert für mich. Ich war selber oft genug von der Presse schlecht behandelt und falsch zitiert worden. Auf der anderen Seite hatte die Presse auch oft genug etwas aus mir gemacht, was einfach nicht stimmte. Ich wollte herausfinden, wie es zur Verzerrung solcher Wahrheiten kommt.«

All the President's Men wurde ein so wichtiges Projekt für Redford, daß er sogar die Hauptrolle in *One Flew Over the Cuckoo's Nest* (Einer flog übers Kuckucksnest) ablehnte und an Jack Nicholson abtrat. Er dachte sogar daran, die Regie in dem politischen Film zu übernehmen, sah aber ein, daß er damit überfordert war. Als einer der Produzenten engagierte er Alan J. Pakula, dessen *Klute* ihn fasziniert hatte. Dieselbe Spannungsdichte und denselben Realismus erhoffte er sich für seinen Film. Als zweiten Hauptdarsteller verpflichtete er Dustin Hoffman, der Redford geantwortet haben soll: »Ich dachte schon, du rufst nicht mehr an.«

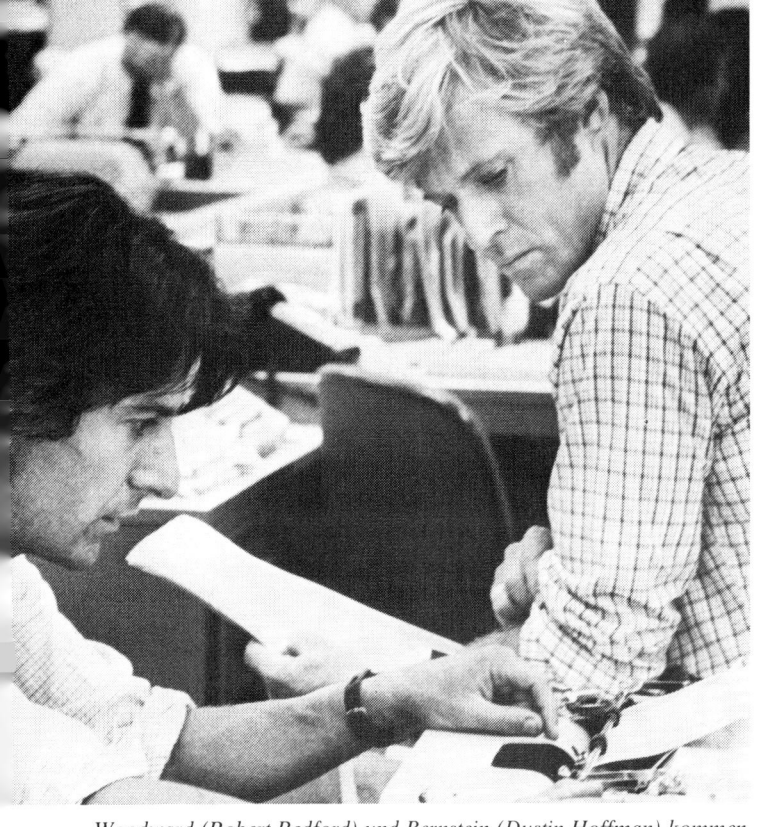

Woodward (Robert Redford) und Bernstein (Dustin Hoffman) kommen der Wahrheit auf die Spur.

Als Drehbuchautor gewann er den alten Routinier William Goldman, der allerdings ungeahnte Schwierigkeiten mit der schwierigen Story bekam. Er stellte die Beziehung zwischen Bernstein und Woodward zu sehr in den Mittelpunkt und bekam dafür Schelte von der Redaktion der *Washington Post*, die das Skript in *Butch and Sundance*

Zwei Reporter bringen die amerikanische Regierung zu Fall.

Bring Down the Government umtauften. Ben Bradlee, einer der Chefredakteure, wurde sogar noch deutlicher: »Denk dran, mein Junge«, soll er zu Redford gesagt haben, »du steigst in deinem nächsten Film auf einen Gaul oder kriechst zu einem Mädchen ins Bett, nachdem du das hier gedreht hast. Ich bleibe immer ein Arschloch.«
Auch Robert Redford und selbst William Goldman sahen die Schwächen des Drehbuchs, und man einigte sich auf eine enge Zusammenarbeit mit Bernstein, Woodward und der Redaktion. Man beschloß, das Persönliche hintenan zu stellen und einen halbdokumentarischen Film zu drehen, der dem Thema gerecht wurde. Nach vielen Wochen

Redaktionsbesprechung. Robert Redford, Dustin Hoffman und Jason Robards als Chefredakteur.

angestrengten Arbeitens war es endlich soweit. Der Film ging in Produktion.

Redford hätte am liebsten im Büro der *Washington Post* gedreht, aber das hätte den Redaktionsbetrieb zu sehr gestört, und man entschied sich, den Raum in einem Studio in Hollywood nachzubauen. Bühnenbildner vermaßen jeden Schreibtisch und jeden Papierkorb im Originalraum und bauten ihn originalgetreu auf einer *sound stage* auf. Die *Post* ließ alte Titelseiten nachdrucken und schickte sogar den Originalabfall nach Hollywood, damit alles authentisch wirkte.

Die Dreharbeiten selbst gestalteten sich ziemlich problemlos, da Redford und Pakula in den wesentlichen Dingen übereinstimmten und das Drehbuch ja stand. Schwierigkeiten hatte Redford nur mit Dustin Hoffman, der ihn sehr an Barbra Streisand erinnerte. Auch Dustin Hoffman sprach jede Szene mehrere Male durch, bevor er an die Sache heranging. Aber beide Schauspieler zollten sich gegenseitig großen Respekt und viel Lob. Beide wußten, daß das Können des anderen außer Frage stand und es hier nur um Detailfragen ging.

Nach Abschluß der Dreharbeiten warteten Redford, Hoffman und Pakula gespannt auf die Premiere. Hatten die Leute das Kapitel Watergate schon verdrängt? Wollten Sie nichts mehr davon hören? Oder waren sie interessiert? Wie würde die bei ambitionierten Filmen besonders empfindliche Kritik reagieren? Fragen über Fragen, die alle Beteiligten kein Auge zumachen ließen.

Am 8. April 1976 war es dann endlich soweit. Der Film wurde zum erstenmal gezeigt – und erhielt überschwengliche Kritiken. Sogar der gefürchtete John Simon schrieb: »*All the President's Men* sollte man sich zweimal ansehen. Einmal wegen des Themas und dann wegen der schauspielerischen Leistung.« Ebenso beeindruckend wie diese Kritik war die Kasse, die der Film machte. Schon nach wenigen Tagen waren die Produktionskosten eingespielt. »Mich überraschte das alles«, gab Redford zu, »der Film, den ich hatte machen wollen, war wirklich auf der Leinwand zu sehen: ein Film über die Wahrheit, und wie wir sie beinahe nicht erfahren hätten.«

Nicht so ernst, aber ebenso politisch war der moderne Western *The Electric Horseman* (Der elektrische Reiter), der drei Jahre später in die Kinos kam. Auf den ersten Blick war dieser Film eine schwungvolle Komödie, auf den zweiten Blick aber behandelte er Redfords Lieblingsthema: den Kampf des Individuums für seine Rechte in einer von Konzernen und Regierungen beherrschten Welt. Ein Western im alten Sinn, wenn man an den Kampf des einsamen

Bernstein (Dustin Hoffman) und Woodward (Robert Redford) arbeiten verbissen an ihrem Manuskript.

Reiters gegen Banditen und Indianer denkt, ein Western im umgekehrten Sinne allerdings, wenn man berücksichtigt, daß der Held den Westen nicht mehr erobern, sondern von einer Eroberung bewahren will.

The Electric Horseman führte Robert Redford erneut mit Jane Fonda und Regisseur Sidney Pollack zusammen. Der

Jane Fonda und Robert Redford in ›The Electric Horseman‹ (Der elektrische Reiter).

Film erzählt die Geschichte des heruntergekommenen Rodeo-Cowboys Sonny Steele (Robert Redford), eines ehemaligen Weltmeisters im Wildpferdreiten, der zu viele Broncos geritten und zu viele Flaschen geleert hat und vor lauter Schlagseite kaum noch auf den Pferderücken kommt. Aber er verdient nicht schlecht. Er hat seinen immer noch glanzvollen Namen an einen Industriekonzern verkauft und zieht als lächelnder Cowboy von einem Supermarkt zum anderen, um für Ranch-Breakfast-Frühstücksflocken zu werben. Auch bei der Verkaufstagung des Konzerns im Caesar's Palace von Las Vegas soll Sonny in einem von Hunderten von Lämpchen erleuchteten An-

Seine erste Filmrolle: Country-Star Willie Nelson an der Seite von Robert Redford.

zug über die Bühne reiten. Die Chefs des Konzerns haben aus diesem Grund ihr 12-Millionen-Dollar-Pferd Rising Star nach Las Vegas geholt. Sonny kommt, von seinem Freund Wendell (Willie Nelson) gestützt, in Las Vegas an und muß erkennen, daß der teure Hengst mit Medikamenten und Drogen behandelt wird, weil er sonst auf der Hotelbühne scheuen würde. In diesem Augenblick rastet etwas bei Sonny aus. Er schreit die Direktoren an und reitet während der Show in voller Montur aus dem Hotel. Er flieht mit dem teuren Pferd in die Wüste. Die Verantwortlichen des Konzerns versuchen alles, um den flüchtenden Cowboy zurückzuholen, hetzen die Polizei auf ihn, aber er

Der elektrische Reiter steigt aus – er will mit den üblen Machenschaften des Konzerns nichts mehr zu tun haben.

bleibt unauffindbar. Nur die findige Reporterin Hallie Martin (Jane Fonda) kommt ihm auf die Schliche. Zuerst ist ihr nur an der Story gelegen. Sie spürt Sonny auf, wird von ihm abgewiesen, um ihn wenig später wiederzufinden. Sie hilft ihm, der Polizei ein Schnippchen zu schlagen, verliebt sich in ihn und identifiziert sich mit seinem Anliegen, dem armen Hengst die Freiheit wiederzugeben. Auch die

Öffentlichkeit, durch Hallies Berichte mobilisiert, schlägt sich auf die Seite des Cowboys, der seinen Plan in die Tat umsetzt und das Pferd tatsächlich laufenläßt. Hallie kehrt mit Tränen in den Augen in die Großstadt zurück und dankt Sonny über den Bildschirm.

Ein Kritiker schrieb: »Der Film belebt den Mythos des amerikanischen Cowboys und schießt die Medien an. Das Anliegen des Films wird leidenschaftlich vorgetragen, und die Hauptdarsteller (Mann, Frau und Pferd) gehen unversehrt aus der Handlung hervor. Es handelt sich um ein Märchen, das als bissige Kritik am Big Business endet und

Liebe auf Umwegen. Jane Fonda und Robert Redford in ›The Electric Horseman‹ (Der elektrische Reiter).

kritisiert, daß die Geschäftemacher den Traum, den Westen und die Seelen der Menschen kaputt machen.«

Robert Redford war zufrieden mit dem Film und freute sich über den riesigen geschäftlichen Erfolg. Es war ihm gelungen, eines seiner wichtigsten Anliegen in eine spannende und unterhaltsame Handlung zu verpacken und an den Mann und an die Frau zu bringen. »Der Westen muß uns erhalten bleiben«, so und ähnlich schrieb Redford auch in seinem Buch *The Outlaw Trail,* das ebenso wie der Film seinem Heimatstaat Utah gewidmet ist und vor einer Zerstörung der Umwelt warnt. Alle Außenaufnahmen zu *The Electric Horseman* wurden in Utah gedreht, nur wenige Meilen von Redfords Haus entfernt. Wie ernst es dem Schauspieler wirklich mit dem Umweltschutz ist, bewies er übrigens vor einigen Jahren, als er ein großes Stück Land

Robert Redford und Thomas O. Murton, nach dessen wahren Erlebnissen ›Brubaker‹ *gedreht wurde.*

Brubaker (Robert Redford) entdeckt in einem Feld vergrabene Leichen.

in Utah kaufte, weil ihm zu Ohren gekommen war, daß es von Konzernen erschlossen werden sollte.

In seinem bisher letzten Film *Brubaker* machte Robert Redford erneut deutlich, wie sehr es von jedem einzelnen abhängt, daß Mißstände im sozialen Bereich abgeschafft werden. Er spielt den Gefängnisreformer Brubaker, der als Gefangener verkleidet in eine Strafanstalt kommt und

Als Häftling verkleidet kommt Brubaker (Robert Redford) den Mißständen auf die Spur.

dort zahlreiche Mißstände aufdeckt. Die Gefangenen werden wie Sklaven ausgenützt und müssen für die ansässigen Farmer und Rancher arbeiten, und im Gefängnis werden sie unmenschlich behandelt. Keine Seltenheit in amerikanischen Gefängnissen. Brubaker startet einen Ein-Mann-Kreuzzug gegen diese Mißstände und wird nur von der liberalen Lillian Grey (Jane Alexander) unterstützt, die

Robert Redford als Brubaker.

aber durch die Bürokratie behindert wird. Als Brubaker
ein Massengrab mit Skeletten von Gefangenen entdeckt,
wird er gefeuert. Am Ende hat er aber doch gewonnen,
denn die Gefangenen verabschieden ihn mit donnerndem
Applaus. Sie haben ihr Selbstvertrauen wiedergefunden.
»Brubaker war sehr wichtig für mich«, sagte Redford.
»Der Film sollte erst mit unbekannten Schauspielern ge-

dreht werden, deshalb nahm ich die Rolle an. Der Film mußte ein Erfolg werden ...«

Mit Redford wurde er ein Erfolg. Er bestätigte den ehemaligen Darsteller seichter Komödien als engagierten und liberalen Schauspieler, dem das Thema manchmal wichtiger ist als der Erfolg, und der sich bedingungslos für eine Sache einzusetzen vermag.

6. Teil

Der Regisseur

»Meine Tage als Schauspieler
sind gezählt.«

ROBERT REDFORD

Seit beinahe zwanzig Jahren stellt Robert Redford auch als Regisseur große Ansprüche. Er war nie ein Schauspieler mit Leib und Seele. Einer, der ohne das Theater oder den Film nicht leben konnte. Er betrachtet die Schauspielerei als einen angenehmen Beruf, der es einem erlaubt, seine Anliegen vorzutragen und viel Geld zu verdienen. In dieser Reihenfolge. »Ich war nie scharf darauf, ein Sexsymbol, ein klassischer Schauspieler, ein Kassenmagnet oder so etwas zu sein«, sagte er einmal. »Ich erledigte immer nur meinen Job, zog mich dann nach Hause zurück und blieb dem Film so fern wie möglich.«

Inzwischen ist er fest entschlossen, die Schauspielerei an den Nagel zu hängen. Alle drei, vier Jahre ein Film, mehr nicht. Aber er bleibt Hollywood erhalten. Als Regisseur. »Regieführen machte mir immer angst, faszinierte mich aber auch. Es dauerte lange, bis ich mich an diese Aufgabe wagte, vielleicht weil ich wußte, daß ich nicht mehr davon loskommen würde. Wenn ich Regie führe, kann ich mit ehrlichem Gewissen sagen, das ist mein Film.«

Die erste Arbeit des Regisseurs Redford war ein Film mit dem Titel *Ordinary People* (Eine ganz normale Familie). Er hatte die Rechte bereits 1976 gekauft, ohne damals zu wissen, daß er selbst die Regie übernehmen würde. Das Buch erzählt von einer »ganz normalen Familie«, die durch einen Unglücksfall in große Schwierigkeiten gebracht wird. Der Tod des ältesten Sohnes treibt den jüngeren Sohn Conrad an den Rand des Selbstmords, die Mutter in schwere psychische Konflikte und den Vater fast zum Wahnsinn. Conrad wird zum Psychiater geschickt und als geheilt entlassen, von einer Lösung kann aber keine Rede sein.

Diese ganz und gar undramatische Geschichte wurde von Robert Redford auf eine so authentische und realistische Weise in Szene gesetzt, daß sich die Kritiker vor Lob überschlugen. Robert Redford brachte *Ordinary People* einen Oscar ein. Über seinen zweiten Regiefilm, das nach

Der Regisseur Redford erklärt seinem Hauptdarsteller Timothy Hutton eine Szene.

autobiographischen Vorlagen entstandene *A River Runs Through It* (Aus der Mitte entspringt ein Fluß) schrieb der bekannte Publizist Wolf Donner: »Redford adaptiert die bukolische Elegie, das lakonische Pathos und die christliche Symbolik der Vorlage fast ehrfürchtig. Ein Bild vom anderen, besseren, vergessenen Amerika.« Und in der Zeitschrift »Zoom« stand: »Interessant der formale Ansatz: Dramatische Höhepunkte werden nicht gezeigt, sondern im Off-Kommentar mitgeteilt – ein fast antifilmisches Experiment, das dem europäischen Film verpflichtet ist.« Robert Redford, ein europäischer Amerikaner? Vieles spricht dafür.

191

Craig Sheffer und Brad Pitt in ›Aus der Mitte entspringt ein Fluß‹.

Der Film schildert die Chronik einer Pastorenfamilie von 1910 bis 1935, wie sie ein Literaturprofessor in seinen Aufzeichnungen festgehalten hat. Die beiden Söhne, ein unbeschwerter »Bruder Leichtfuß« und ein schwerblütiger Gefühlsmensch, treffen sich beim Fliegenfischen und versuchen, mit sich selbst, dem anderen und der Welt ins reine zu kommen. Keine dramatische Story und vor allem nicht für den Film geschrieben, aber Redford gelang es, die melancholische Stimmung des Buches in wunderschöne Bilder zu übertragen und die Gefühlswelt der Söhne in dramatische Szenen zu übersetzen. Vor allem Redfords

Name garantierte sogar einen respektablen Kassenerfolg, vor allem in Europa.

Als Schauspieler wechselte Robert Redford in den letzten Jahren zwischen anspruchsvollen und belanglosen Flops und großen Kassenerfolgen. *The Natural* (Der Unbeugsame), im Jahre 1983 gedreht, war ein solcher Flop. Allein die Story hätte jeden anderen Weltstar davon abgehalten, die Rolle eines Baseballhelden zu übernehmen, obwohl Bernard Malamuds Buch sich sehr gut verkauft hatte. Aber was im Buch mit literarischen Mitteln gelöst wurde, führte im Film zu Komplikationen und zu einem Verwirrspiel, das nur wenige Zuschauer verstanden. In

Robert Redford und Glenn Close in ›The Natural‹ (›Der Unbeugsame‹).

193

den USA kapierte man ja wenigstens noch die Regeln eines Baseballspiels, aber an so lapidaren Dingen haperte es zum Beispiel in Europa, wo der Film ein glatter Reinfall wurde.

The Natural erzählt die Geschichte eines Jungen vom Lande, der auf einem Jahrmarkt zufällig entdeckt, daß er gut Baseball spielen kann. Er wird von einem großen Team in die Stadt gelockt und verliebt sich dort in ein Mädchen, um bald darauf an einer Kugel zu sterben. Viele Jahre später kehrt derselbe Robert Redford quietschfidel zurück und macht den Jungstars auch als alter Knochen noch etwas vor. Seine Bälle kommen am besten, seine Schläge am heftigsten. »Eine Geschichte, die das Spiel, den Kampf des Lebens versinnbildlicht«, schrieb der deutsche Verleih, ohne verhindern zu können, daß der Film unter der Abteilung »ferner liefen« abgelegt wurde.

Das genaue Gegenteil war ein Film, der im März 1985 in die Kinos kam und Robert Redford erneut auf die Titelseiten der Gazetten brachte. *Out of Africa* (Jenseits von Afrika) sprengte alle Rekorde und wurde ein Jahr später mit Oscars überschüttet. Der Streifen wurde als bester Film und für die beste Kamera, die beste Filmmusik, den besten Ton, das beste Drehbuch und die beste Regie ausgezeichnet. Robert Redford ging leer aus, wurde aber für die Darstellung des romantischen Großwildjägers Hatton allgemein gelobt. Ein Superstar in einem Film der Superlative, dazu auch noch subtil und überzeugend in seiner schauspielerischen Leistung – darauf hatte Hollywood seit vielen Jahren gewartet. In einem Zeitalter, da Roboter und Kampfmaschinen aus der Special-Effects-Küche in Hollywood den meisten Erfolg hatten, kam so ein menschlicher und romantischer Film gerade richtig.

Out of Africa erzählt die Geschichte der dänischen Autorin Tanja Blixen, die ihre Heimat im Stich läßt, um im fernen Kenia eine Farm aufzubauen. Sie heiratet den Baron Blixen, weil sie glaubt, ohne männliche Hilfe nicht auskommen zu können, muß aber in Afrika erkennen, daß sie allein besser dran wäre. Blixen ist ein verkorkster Lebemann, er vergeudet ihr Geld, steckt sie mit Syphilis an, kümmert sich um andere Frauen und tut alles, um sie zu vernichten. Doch Tanja erkennt ihre Stärke und emanzipiert sich an der Seite des für sie immer noch liebenswerten Scheusals. Sie führt die Farm allein und setzt sich in einer gefährlichen Welt durch, die für Männer reserviert schien. Daran kann auch der liebenswerte Großwildjäger nichts ändern. Er zerbricht an der Nibelungentreue seiner Geliebten.

Out of Africa ist ein sehr schöner Film, und schöne Bilder, unterlegt mit elegischer Musik, sind den Kritikern immer verdächtig. Diesmal waren sie sich jedoch darin einig, daß mit *Out of Africa* ein wirklich bedeutender Film in die Kinos gekommen war, ein Film, der nicht nur dem Publikum, sondern auch den Fachleuten gefiel. Ihr Lob galt vor allem den drei Hauptdarstellern, die mit ihrer überzeugenden Darstellungskunst den Erfolg des Films ausmachten. Meryl Streep überzeugte einmal mehr als Tanja, Klaus-Maria Brandauer war ein charmanter Schurke, überzeichnete allerdings in manchen Szenen, und Robert Redford überzeugte mit seinem einfühlsamen Spiel und seinem verhaltenem Charme. Geführt wurden die Schauspieler von Altmeister Sydney Pollack, der für seine außerordentliche Leistung mit dem Oscar ausgezeichnet wurde.

Nur seichte Unterhaltung bot dagegen der bisher letzte Film, an dem Robert Redford als Schauspieler mitarbeitete. *Legal Eagles* (Staatsanwälte küßt man nicht) ist eine nichtssagende Komödie, in der lediglich Robert Redford und Debra Winger als unerwartet gute Komödianten überzeugen.

Als angehender Staatsanwalt und erfolgreiche Anwältin sind sie auf der Suche nach einem wertvollen Gemälde und geraten dabei in die verrücktesten Situationen. Ausgesprochen lächerlich dabei die »Performance« der Daryl

Der Berufsspieler Jack Weil (Robert Redford) bei seinem Einsatz in ›Havanna‹.

Hannah, sicherlich die schwächste Leistung dieser begabten Schauspielerin.

In *Havana* (Havanna) spielt Redford einen Berufsspieler, der sich in den Wirren der kubanischen Revolution in die hübsche Frau eines Widerstandskämpfers verliebt. Eine Rolle, in der man sich den unterkühlten Humphrey Bogart gewünscht hätte. Redford fühlte sich im Kuba eines Ernest Hemingway sichtlich unwohl, scheiterte aber vor allem deshalb, weil sein alter Freund, der Regisseur Sydney Pollack, die handlungsarme Story nur selten in den Griff bekam. »Erst krampfhaft dynamisch, später erscheint der Film in enervierenden Schuß-Gegenschuß-Folgen fast zum Stillstand zu kommen«, schrieb der Kritiker Lars-Olav Beier in der Zeitschrift »tip«. Entsprechend dürftig fiel der Erfolg aus. In den USA, aber auch in Europa lief der Film nur wenige Wochen in den Kinos.

Ein Jahr später stellte Robert Redford sich für einen sehr engagierten Dokumentarfilm als Sprecher zur Verfügung. In seinem *Incident at Oglala* schildert Michael Apted den Mord an zwei FBI-Beamten, die auf dem Reservat der

Lena Olin und Robert Redford in ›Havanna‹.

Sioux-Indianer umgebracht wurden. Ein junger Indianer wurde eingesperrt und lebt seit über zwanzig Jahren hinter Gittern, obwohl der Fall nie restlos aufgeklärt wurde. Redford trat als liberal denkender Schauspieler für die Sache der Indianer ein und arbeitete für eine vergleichsweise geringe Gage. Der Regisseur behandelte denselben Fall noch einmal in seinem Spielfilm *Halbblut.*

Zu einem Kassenknüller wurde der Film *Indecent Proposal* (Ein unmoralisches Angebot), der 1993 in die Kinos kam und vor allem in den USA für großen Presserummel sorgte. Der Grund für die Aufregung: Robert Redford spielt in dem Streifen einen Millionär, der für die Liebesnacht mit einer verheirateten Frau eine Million Dollar zahlen will. Die Presse wollte natürlich wissen, ob amerikanische Durchschnittsehepaare zu einem solchen Handel bereit sind, und fand heraus, daß die meisten Ehefrauen lieber auf die Million verzichteten. Ein riesiger und gewollter Presserummel für einen eher seichten Film, der zu einem großen kommerziellen Erfolg wurde, künstlerisch aber eher Durchschnittliches bot. Das Drehbuch war bei *Honeymoon in Vegas* und anderen Filmen geklaut oder lehnte sich zumindest daran an, und Robert Redford überzeugte lediglich mit seiner Routine. Der Film wurde mit ähnlich gelagerten Filmen wie *The Sting* und *Pretty Woman* verglichen, reichte an diese Vorbilder aber nicht im entferntesten heran.

»50 Millionen haben zugesehen, und keiner hat was gemerkt!« Unter diesem Motto startete *Quiz Show* in den Kinos, ein kritischer Unterhaltungsfilm über einen Skandal, der die amerikanische Fernsehlandschaft der fünfziger Jahre erschütterte. Damals gab es noch keine Gameshows. Wer in den Quizshows der Fifties gewinnen wollte, mußte seinen Grips anstrengen und schwierige Fragen über Shakespeare oder Dickens beantworten. »Damals konnten Leute reich werden, weil sie schlau waren«, schrieb Roger Ebert, der bekannte Filmkritiker der »Chi-

*Der Millionär Gage (Robert Redford) bietet Diana Murphy (Demi Moore)
1 Million Dollar – für eine Nacht.*

cago Sun-Times«, »heute können Leute gewinnen, die ein Spiel meistern, das jedes Kind beherrscht!« Nachdem herausgekommen war, daß Herbie Stempel, ein Champion der legendären Quizshow »Twenty-One«, von der Produktionsfirma mit den richtigen Antworten gefüttert worden war, verlor das Fernsehen seine Glaubwürdigkeit. Herbie Stempel prangerte den Betrug an, als ihm ein Nachfolger, der smarte Charles Van Doren, vor die Nase gesetzt wurde. Ein Untersuchungsausschuß brachte den Betrug ans Tageslicht und sorgte für hitzige Diskussionen und Schlagzeilen, die vor der Premiere von *Quiz Show* wieder aus den Archiven geholt wurden und erneut für viel Zündstoff sorgten.

»Robert Redford inszenierte *Quiz Show* als Unterhaltung, Geschichtsunterricht und Herausforderung«, schrieb die Kritik. »Als bloßer Thriller unterhält der Film, wir ertappen uns dabei, daß wir Van Doren die Daumen drücken und irgendwie hoffen, daß er nicht erwischt wird. Der Film erinnert uns an das erste Jahrzehnt des Fernsehens, als die Gesellschaft von der Veranda ins Haus zog und nur noch vor der Glotze saß. Und er fragt uns, was wir wohl getan hätten, wenn man uns eine Menge Geld dafür geboten hätte, daß wir uns klüger geben, als wir eigentlich sind.«

Der Film nennt die Dinge beim Namen, verzichtet sogar bei den damaligen Sponsoren auf Pseudonyme. Robert Redford: »Es ist kein Geheimnis, daß NBC die Show ausstrahlte.« Deutlich wird auch, daß NBC und der Sponsor ungeschoren davonkamen, obwohl sie erwiesenermaßen an dem Betrug beteiligt waren. »Wir sind keine Kriminellen«, sagt ein Angestellter der Produktionsfirma in dem Film, »wir sind im Showbusineß!« Redford inszenierte *Quiz Show* auch als Drama mit moralischem Anspruch; er macht uns auf unterhaltsame Weise klar, daß wir seit dem Skandal einige Ideale gewonnen, aber noch mehr verloren haben. »Heutzutage kann ein Oliver North den Kongreß

Robert Redford und Michelle Pfeiffer in ›Up Close and Personal‹ (Aus nächster Nähe).

belügen«, schreibt Filmkritiker Roger Ebert, »und dann dafür kandidieren!«

Als Schauspieler kehrte Robert Redford in der Romanze *Up Close and Personal* (Aus nächster Nähe) in die Kinos zurück. Ein eher läppischer Film, der zwischen Komödie und Drama pendelt und in keiner Phase über das Niveau eines Fernsehfilms hinauskommt. Michelle Pfeiffer spielt eine ehemalige Kellnerin, die es sich in den Kopf gesetzt hat, beim Fernsehen eine große Karriere zu machen, als Weathergirl bei einer lokalen Station unterkommt und als prominente Anchor Woman bei einem überregionalen Network endet. Ein Erfolg, den sie vor allem Warren Justice (Robert Redford) verdankt, einem erfahrenen Reporter, der seine Beziehungen spielen läßt und sich natürlich auch in die junge Dame verliebt. Mag sein, daß eine solche Story authentisch ist, im Kino wirkt sie unglaub-

Als Tom Booker in ›The Horse Whisperer‹ (Der Pferdeflüsterer) war Redford ideal besetzt.

Robert Redford und Scarlett Johansson in ›The Horse Whisperer‹ (Der Pferdeflüsterer).

haft, und Robert Redford und Michelle Pfeiffer beschränken sich darauf, das Publikum mit ihrem Charme einzulullen. Die Gefühlsausbrüche der schönen Michelle wirken eher peinlich, und Redford nahm die Rolle wohl nur an, weil er die Verlogenheit des Fernsehens offenlegen und der Lächerlichkeit preisgeben wollte. Der Film verschwand relativ schnell aus den Kinos und versauert in den Videoregalen.

1998 sorgte Robert Redford als Regisseur und Schauspieler für Schlagzeilen: *The Horse Whisperer* (Der Pferdeflüsterer) entstand nach dem gleichnamigen Bestseller von Nicholas Evans, der als erfolgreicher Drehbuchautor gute Beziehungen nach Hollywood unterhielt und seinen

Robert Redford arbeitet mit Pilgrim in ›The Horse Whisperer‹ (Der Pferde-flüsterer).

Roman schon als halbes Buch an Redford verkaufte und ihn fragte, wie er den Schluß der Geschichte gestalten sollte. »Mir egal«, soll Redford geantwortet haben, »ich inszeniere sowieso einen eigenen Schluß.« Woraufhin der Autor seiner Phantasie freien Lauf ließ und der bis dahin unterhaltsamen Story einen viel zu dramatischen Schluß aufzwang.

Die Geschichte erzählt von Grace MacLean, der vier-zehnjährigen Tochter eines rechtschaffenen Anwalts und einer karrieresüchtigen Chefredakteurin eines Frauenmagazins, die während eines Schneesturms mit ihrem Lieblingspferd Pilgrim verunglückt und ihr Bein verliert. Ihre Freundin kommt bei dem Unfall ums Leben. Pilgrim ist schwer verletzt und soll erschossen werden, aber Annie MacLean ahnt, daß das Schicksal des Pferdes und der psychische Zustand ihrer Tochter untrennbar verbunden sind und Grace erst aus ihrer selbstgewählten Verbannung zurückkehren wird, wenn Pilgrim gesund ist. Durch Zufall hört sie von Tom Booker, einem Pferdeflüsterer aus Montana. »Ein Pferdeflüsterer ist ein Cowboy mit besonderen Gaben«, erklärt Robert Redford, »er spricht mit dem kranken Pferd und baut eine geistige Beziehung zu ihm auf. Mit viel Verständnis und auch Leidenschaft gelingt es einem solchen Pferdeflüsterer, eine Basis des Vertrauens aufzubauen. Er schlägt und bestraft das Pferd nicht.« Zusammen mit ihrer Tochter und dem aggressiven Pilgrim fährt Annie nach Westen. In der Abgeschiedenheit der weiten Ebenen von Montana verliert ihr Job immer mehr an Bedeutung, und auch Grace verfällt dem Zauber und der Rechtschaffenheit des amerikanischen Westens und seiner Menschen. Tom Booker gelingt es, das Vertrauen des kranken Pilgrim und der verstockten Grace zu gewinnen, und er verliebt sich in die selbstbewußte Frau aus New York. Im letzten Teil des Romans dominieren leidenschaftliche Ausbrüche und heiße Nächte, und Tom Booker opfert sich, indem er unter die wirbelnden Hufe eines aufgebrachten Wildpferdes läuft. »Das war mir viel zu melodramatisch«, erklärt Robert Redford. Der Regisseur beläßt es bei einem liebevollen Kuß und vielsagenden Blicken, die mehr besagen als alle Sexszenen im Roman, und läßt Tom Booker auf einen Hügel reiten und dem davonfahrenden Pick-up nachblicken, als Annie ihrem Mann und ihrer Tochter nach Osten folgt.

The Horse Whisperer war der erste Film, in dem Robert Redford gleichzeitig spielte und Regie führte. »Es war für mich nie besonders attraktiv, in einem Film, in dem ich Regie führe, auch mitzuspielen«, sagt Robert Redford, »es erfordert die Fähigkeit, aus sich herauszutreten und sich selbst zu beobachten, und das erscheint mir nicht sonderlich interessant. In der Schauspielerei dreht sich alles darum, einen bestimmten Raum auszufüllen, sich dem Augenblick und den Menschen hinzugeben, mit denen man spielt. Die Arbeit als Regisseur spricht mich auf andere Weise an, kommt den Idealen nahe, die ich als junger Mann hatte. Ich war Künstler. Als Maler betrachtest du eine Szene, und deine eigene Sicht der Dinge wirkt sich auf winzige Details aus. Ich konnte mir nicht vorstellen, daß es besonders angenehm wäre, während der Schauspielerei auf so etwas zu achten, und ich hatte recht. Es war nicht einfach! Aber wenn man mit guten Schauspielern arbeitet – und alle Schauspieler in diesem Film waren gut –, dann macht es auch Freude. Ich habe erkannt, daß

Robert Redford und Kristin Scott Thomas in ›The Horse Whisperer‹ *(Der Pferdeflüsterer).*

man die Arbeit nicht alleine schafft. Der Rhythmus und die Energie stellen sich wie bei einem Orchester ein, wenn die Instrumente zusammenpassen und in perfekter Harmonie spielen.«

»Ich habe diesen Film gemacht, weil mir die Rolle gefiel«, sagt Robert Redford. Der Charakter des Tom Booker war ihm auf den Leib geschrieben. Der Pferdeflüsterer ist ein Cowboy der alten Schule, ein Gentleman in Bluejeans, der es versteht, mit Pferden, Frauen und Kindern zu reden. Die Story ist ein Plädoyer für die Lebensart im amerikanischen Westen, die unter den Bulldozern der Grundstücksmakler zu ersticken droht. Eine Paraderolle und ein echtes Anliegen für den Superstar, der Montana in leuchtenden Farben zeigt und deutlich macht, auf welcher Seite seine Sympathien liegen. Natürlich ist sein Film zu lang geworden, und natürlich melden sich jetzt echte Pferdeflüsterer, die einige Methoden, die in dem Film angewandt werden, bezweifeln. Sie vergessen, daß *The Horsewhisperer* wohl eher als romantisches Märchen gedacht war, das den Wilden Westen als heiles Paradies zeigt und uns den Glauben an die wahre Liebe läßt. Zurück zur Natur, und einem Mann wie Robert Redford nimmt man dieses Glaubensbekenntnis sogar ab, weil es in selten schönen Bildern und mit dem nötigen Anspruch gezeigt wird.

»Ich bin jetzt älter und reifer«, sagt Robert Redford, »und ich kann kein Sexsymbol mehr sein. Meine Kinder sind erwachsen, und ich mache mir Gedanken über sie. Als sie klein waren, spielte es keine Rolle, daß ihr Vater geschminkt war und sich mit Schauspielerinnen in maßgeschneiderten Kleidern auf der Leinwand vergnügte. Jetzt sehne ich mich mehr nach persönlichem Engagement und einer gewissen Würde. Die Welt ist schnell erwachsen geworden, und es gibt viele Probleme. Ich will meine Zeit sinnvoller nützen.«

Filmographie

Robert Redford
auf der Bühne

Tall Story

Erstaufführung 29. Januar 1959 im Belasco Theatre, New York City, präsentiert von Emmett Rogers und Robert Weiner
Darsteller: Jeff Harris, Nancy Baker, Joyce Bulifant, Sally Jessup, Sherry LaFollette, Hans Conried, Marc Connelly, Marian Winters, Kevin Carpenter, Donald Dawson, Wayne Tippit, Janet Fox, Bob Lynn Jr., Jamie Smith, Mason Adams, Nina Wilcox, Robert Elston, Ralph Stanley, Tom Williams, Charles K. Robinson Jr., Hazen Gifford, Patricia Finch, Edmund Williams, Ray Merritt; Robert Redford ersetzte später Donald Dawson in der Rolle des Myers.

The Highest Tree

Erstaufführung 4. November 1959 im Longacre Theatre, New York City, präsentiert von The Theatre Guild und Dore Schary
Inszenierung: Dore Schary
Darsteller: Kenneth MacKenna, Miriam Goldina, William Prince, Natalie Schafer, Howard St. John, Robert Redford (Frederick Ashe Jr., »Buzz«), Frank Milan, Richard Anderson, Gloria Hoye, Diana Douglas, Joe de Santis, Elizabeth Cole, Robert Ritterbusch, Larry Gates, Shirley Smith.

Little Moon Of Alban

Erstaufführung 1. Dezember 1960 im Longacre Theatre, New York City, produziert von Mildred Freed
Inszenierung: Herman Shumlin
Darsteller: Stefan Gierasch, Robert Redford (Dennis Walsh), Liam Clancy, Norman Barrs, Nora O'Mahony, Julie Harris, John Justin, Neil Fitzgerald, Barbara O'Neil, Mary Ann Hoxworth, Joyce Sullivan, Helena Carroll, Susan McClintock, Beulah Garrick, Scott Middleton, Roger Hamilton, Jamie Ross, Michael Lewis, Eric Christmas, Roy Pritchard, James Duncan, Sadie McCollum.

Sunday In New York
Erstaufführung 29. November 1961 im Cort Theatre, New York City, produziert von David Merrick
Inszenierung: Garson Kanin
Darsteller: Conrad Janis, Pat Stanley, Pat Harrington Sr., Sondra Lee, Robert Redford (Mike Mitchell), Ron Nicholas.

Barefoot In The Park
Erstaufführung 23. Oktober 1961 im Biltmore Theatre, New York City, produziert von Saint Subber
Inszenierung: Mike Nichols
Darsteller: Elizabeth Ashley, Herbert Edelman, Joseph Keating, Robert Redford (Paul Bratter), Mildred Natwick, Kurt Kasznar.

Robert Redford als Baseballstar.

211

Robert Redford
im amerikanischen Fernsehen

»The Last Gunfight« aus der Serie **The Deputy,** NBC, 30. April 1960
Darsteller: Henry Fonda, Allen Case, Charles McGraw, Paul Clark, Robert Redford (Bill Johnson), Monica Lewis, Perry Ivins.

»Captain Brassbound's Conversion« aus **Hallmark Hall Of Fame,** NBC, 2. Mai 1960
Darsteller: Greer Garson, Christopher Plummer, Loring Smith, Felix Aylmer, Liam Redmond, George Rose, Henry Brandon, Howard Caine, Robert Carricart, Harry Ellerbe, Chris Gampel, Patrick Westwood, Douglas Henderson, William Lanteau, Robert Redford (Seemann).

»In the Presence of Mine Enemies« aus **Playhouse 90,** CBS, 18. Mai 1960
Darsteller: Charles Laughton, Arthur Kennedy, Susan Kohner, Oscar Homolka, George Macready, Sam Jaffe, Robert Redford (Sgt. Lott).

»The Bounty Hunter« aus **Tate,** NBC, 22. Juni 1960
Darsteller: David McLean, Robert Culp, Louise Fletcher, Robert Warwick, Robert Redford (John Torsett).

»The Golden Deed« aus **Moment of Fear,** NBC, 1. Juli 1960
Darsteller: Macdonald Carey, Nancy McCarthy, Robert Redford.

»Comanche Scalps« aus **Tate,** NBC, 19. August 1960
Darsteller: David McLean, Frank Overton, Robert Redford (Tad), Ann Whitfield, Lane Bradford, Leonard Nimoy.

»The Case of the Treacherous Toupee« aus **Perry Mason,** CBS, 17. September 1960
Darsteller: Raymond Burr, Barbara Hale, William Hopper, Ray Collins, Thomas B. Henry, Peggy Converse, Philip Ober, Nelson Olmsted, Robert Redford (Dick Hart), Bert Freed, Lindsay Workman, Jonathan Hole, Cindy Robbins, Dee Arlen.

»The Iceman Cometh« aus **Play of the Week,** 14. und 21. November 1960
Darsteller: Jason Robards Jr., Myron McCormick, Farrell Pelly, James Broderick, Roland Winters, Ronald Radd, Harrison Dowd, Tom Pedi, Robert Redford (Don Parritt), Michael Strong, Charles White, Maxwell Glanville, Sorrell Booke, Walter Klavun, Julie Bovasso, Hilda Brawner, Joan Copeland.

»Born A Giant« aus **Our American Heritage,** NBC, 2. Dezember 1960
Darsteller: Bill Travers, Barbara Rush, Farley Granger, Walter Matthau, Robert Redford (Captain Fort).

»Black Monday« aus **Play of the Week,** 16. Januar 1961
Darsteller: Pat Hingle, Nancy Coleman, Marc Connelly, Myron McCormick, Juano Hernandez, Robert Redford (George Dennison), Ruby Dee, Frances Fuller, Joey Trent, Edward Asner, Arthur Tell, Roy Johnson, Luke Halpin, James Kahn, Andrew Prine, House Jameson.

»Tombstone for a Derelict« aus **Naked City,** ABC, 5. April 1961
Darsteller: Paul Burke, Horace McMahon, Harry Bellaver, Robert Redford (Baldwin), Polly Rowles, Dan Jenkins, Bill Hinnant, Don Gantry, Bob Allen, Don Morgan.

»The Coward« aus **The Americans,** NBC, 8. Mai 1961
Darsteller: Dick Davalos, Jackie Coogan, Robert Redford (George Harrod), Carroll O'Connor, L. Q. Jones, Richard Hale.

»The Grudge« aus **Whispering Smith,** NBC, 15. Mai 1961
Darsteller: Audie Murphy, Sam Buffington, Robert Redford (Johnny Gates), June Walker, Gloria Talbott.

»First Class Mouliak« aus **Route 66,** CBS, 20. Oktober 1961
Darsteller: Martin Milner, George Maharis, Nehemiah Persoff, Martin Balsam, Robert Redford (Janosh), Ann Dee.

»The Covering Darkness« aus **Bus Stop,** ABC, 22. Oktober 1961
Darsteller: Marilyn Maxwell, Rhodes Reason, Richard Anderson, Joan Freeman, Barbara Baxley, Robert Redford (Art), June Walker, Mary Gregory, Paul Kent, Charlene Brooks, Chris Bowler, Bill Tyler.

»The Right Kind of Medicine« aus **Alfred Hitchcock Theater,** CBS, 19. Dezember 1961
Darsteller: Robert Redford (Charlie Pugh), Joby Baker, Russell Collins, Gage Clark, Bernard Kates, King Calder, Robert Karnes, Bert Remsen.

»Nothing In The Dark« aus **Twilight Zone,** CBS, 5. Januar 1962
Darsteller: Gladys Cooper, Robert Redford (Polizist).

»A Piece of the Action« aus **Alfred Hitchcock Theater,** CBS, 20. September 1962
Darsteller: Martha Hyer, Gig Young, Robert Redford (Chuck Marsden), Gene Evans, Roger deKoven.

»The Burning Sky« aus **Dr. Kildare,** NBC, 4. Oktober 1962
Darsteller: Richard Chamberlain, Raymond Massey, Robert Redford (Mark Hadley), Carroll O'Connor, Steve Joyce, Harriet Day.

»The Voice of Charlie Pont« aus **Alcoa Premiere,** ABC, 25. Oktober 1962
Darsteller: Bradford Dillman, Diana Hyland, Robert Redford (George Laurents), Bill Bixby, Cathie Merchant.

»Snowball« aus **The Untouchables,** ABC, 15. Januar 1963.
Darsteller: Robert Stack, Paul Picerni, Nicholas Georgiade, Abel Fernandez, Robert Redford (Jack Parker), Bruce Gordon, Gerald Hiken, Robert Bice.

»A Tangled Web« aus **Alfred Hitchcock Theater,** CBS, 25. Januar 1963
Darsteller: Barry Morse, Robert Redford (David Chesterman), Zohra Lampert, Gertrude Flynn.

»The Last of the Bid Spenders« aus **Dick Powell Theater,** NBC, 16. April 1963
Darsteller: Dana Andrews, Inger Stevens, Robert Redford (Nick Oakland), Herschel Bernardi, Norman Fell.

»Bird and Snake« aus **Breaking Point,** ABC, 7. Oktober 1963
Darsteller: Paul Richards, Eduard Franz, Robert Redford (Roger Morton), Marisa Pavan, Jack Weston, Connie Sawyer, Mimi Dillard.

»The Evil That Men Do« aus **The Virginian,** NBC, 16. Oktober 1963
Darsteller: Lee J. Cobb, Roberta Shore, James Drury, Gary Clarke, Robert Redford (Cordell), Patricia Blair.

»The Siege« aus **The Defenders,** CBS, 3. Dezember 1964.

Robert Redford trat außerdem in folgenden Serien auf (das Ausstrahlungsdatum der Episoden ist leider nicht mehr zu erforschen):
»The Iron Hand« aus **Maverick** (1957−61), Pilotfilm zu **Dr. Kildare** (1961), »Berlin – City With A Short Fuse« aus **Armstrong Circle Theatre,** »Breakdown« aus **Rescue 8.**

Die Filme
von und mit
Robert Redford

War Hunt
1962 (USA)
Länge: 81 Min.
Regie: Denis Sanders
Produktion: Terry Sanders, T-D Enterprise Production, United Artists
Drehbuch: Stanford Whitmore
Kamera: Ted McCord
Musik: Bud Shank
Darsteller: John Saxon (Pvt. Raymond Endore), Robert Redford (Pvt. Roy Loomis), Charles Aidman (Capt. Wallace Pratt), Sydney Pollack (Sgt. van Horn), Gavin McLeod (Pvt. Crotty), Tommy Matsuda (Charlie), Tom Skerritt (Corp. Showalter), Tony Ray (Pvt. Fresno).

Situation Hopeless – But Not Serious (›Lage hoffnungslos, aber nicht ernst‹)
1965 (USA)
Länge: 97 Min.
Regie: Gottfried Reinhardt
Produktion: Gottfried Reinhardt, Paramount
Drehbuch: Silvia Reinhardt; Adaption: Jan Lustig; nach dem Roman »The Hiding Place« von Robert Shaw
Kamera: Kurt Hasse
Musik: Harold Byrns
Darsteller: Alec Guinness (Herr Frick), Michael Connors (Lukky), Robert Redford (Hank), Anita Hoefer (Edeltraud), Mady Rahl (Lissie), Paul Dahlke (Herr Neusel), Frank Wolff (QM Master Sergeant), John Briley (Sergeant), Elisabeth von Molo (Wanda), Carola Regnier (Senta).

Inside Daisy Clover (›Verdammte süße Welt‹)
1966 (USA)
Länge: 128 Min.
Regie: Robert Mulligan
Produktion: Alan J. Pakula, Park Place Production, Warner Brothers
Drehbuch: Gavin Lambert; nach seinem Roman
Kamera: Charles Lang (Technicolor und Panavision)

Musik: André Prévin; Lieder: Dory und André Prévin
Darsteller: Natalie Wood (Daisy), Christopher Plummer (Raymond Swan), Robert Redford (Wade Lewis), Roddy McDowall (Baines), Ruth Gordon (The Dealer), Katharine Bard (Melora Swan), Betty Harford (Gloria Goslett), Paul Hartman (Dancer), John Hale (Harry Goslett), Harold Gould (Cop), Ottola Nesmith (Old Lady in Hospital), Edna Holland (Cynara), Peter Helm (Milton Hopwood).

The Chase (›Ein Mann wird gejagt‹)
1966 (USA)
Länge: 135 Min.
Regie: Arthur Penn
Produktion: Sam Spiegel, Horizon, Columbia
Drehbuch: Lillian Hellman; nach dem Roman und Bühnenstück von Horton Foote
Kamera: Joseph La Shelle (Panavision und Technicolor)
Musik: John Barry
Darsteller: Marlon Brando (Calder), Jane Fonda (Anna), Robert Redford (Bubber), E. G. Marshall (Val Rogers), Angie Dickinson (Ruby Calder), Janice Rule (Emily Stewart), Miriam Hopkins (Mrs. Reeves), Martha Hyer (Mary Fuller), Richard Bradford (Damon Fuller), Robert Duvall (Edwin Stewart), James Fox (Jason »Jake« Rogers), Diana Hyland (Elizabeth Rogers), Henry Hull (Briggs), Jocelyn Brando (Mrs. Briggs), Katherine Walsh (Verna Dee), Lori Martin (Cutie), Marc Seaton (Paul), Paul Williams (Seymour), Clifton James (Lem), Malcolm Atterbury (Mr. Reeves), Nydia Westman (Mrs. Henderson), Joel Fluellen (Lester Johnson), Steve Ihnat (Archie), Maurice Manson (Moore), Bruce Cabot (Sol), Steve Whittaker (Slim), Pamela Curran (Mrs. Sifftifieus), Ken Renard (Sam), Eduardo Cianelli (Mr. Sifftifieus) und Grady Sutton, Richard Collier, Ralph Moody, George Winters, Howard Wright, Monte Hale, Mel Gallagher, Ray Galvin, Davis Roberts.

This Property Is Condemned (›Dieses Mädchen ist für alle‹)
1966 (USA)
Länge: 110 Min.
Regie: Sydney Pollack

Produktion: John Houseman, Seven Arts-Ray Stark Production, Paramount
Drehbuch: Francis Ford Coppola, Fred Coe, Edith Sommer; Idee nach einem Einakter von Tennessee Williams
Kamera: James Wong Howe, A. S. C. (Technicolor)
Musik: Kenyon Hopkins; Lied »Wish Me A Rainbow« von Jay Livingston und Ray Evans
Darsteller: Natalie Wood (Alva Starr), Robert Redford (Owen Legate), Charles Bronson (J. J. Nichols), Kate Reid (Hazel Starr), Mary Badham (Willie Starr), Alan Baxter (Knopke), Robert Blake (Sidney), John Harding (Johnson), Dabney Coleman (Salesman), Ray Hemphill (Jimmy Bell), Prett Pearson (Charlie Steinkamp), Jon Provost (Tom), Quentin Sondergaard (Hank), Michael Steen (Max), Bruce Watson (Lindsay Tate).

Barefoot In The Park (›Barfuß im Park‹)
1967 (USA)
Länge: 106 Min.
Regie: Gene Saks
Produktion: Hal Wallis, Neil Simon, Paul Nathan, Paramount
Drehbuch: Neil Simon; nach seinem Bühnenstück
Kamera: Joseph La Shelle (Technicolor)
Musik: Neal Hefti
Darsteller: Robert Redford (Paul Bratter), Jane Fonda (Corie Bratter), Charles Boyer (Victor Velasco), Mildred Natwick (Mrs. Banks), Herbert Edelman (Telephone Man), James Stone (Delivery Man), Ted Hartley (Frank), Mabel Albertson (Aunt Harriet), Fritz Feld (Restaurantbesitzer).

Butch Cassidy And The Sundance Kid (›Zwei Banditen‹)
1969 (USA)
Länge: 110 Min.
Regie: George Roy Hill
Produktion: John Foreman, Paul Monash, Campanile Production, 20th Century Fox
Drehbuch: William Goldman
Kamera: Conrad Hall, A. S. C. (Panavision und DeLuxe Color)
Musik: Burt Bacharach; »Raindrops Keep Falling on My Head« Text und Musik von Hal David und Burt Bacharach, gesungen von B. J. Thomas

Darsteller: Paul Newman (Butch Cassidy), Robert Redford (The Sundance Kid), Katharine Ross (Etta Place), Strother Martin (Percy Garris), Henry Jones (Fahrradverkäufer), Jeff Corey (Sheriff Bledsoe), George Furth (Woodcock), Cloris Leachman (Agnes), Ted Cassidy (Harvey Logan), Kenneth Mars (Marshal), Donnelly Rhodes (Macon), Jody Gilbert (Large Woman), Timothy Scott (News Carver), Don Keefer (Fireman), Charles Dierkop (Flat Nose Curry), Francisco Cordova (Bank Manager), Nelson Olmstead, Paul Bryar, Sam Elliott, Charles Akins, Eric Sinclair.

Downhill Racer (›Schußfahrt‹, ›Der Abfahrtssieger‹)
1969 (USA)
Länge: 101 Min.
Regie: Michael Ritchie
Produktion: Richard Gregson, Wildwood International, Paramount
Drehbuch: James Salter; nach »The Downhill Racers« von Oakley Hall
Kamera: Brian Probyn (Technicolor)
Darsteller: Robert Redford (David Chappellet), Gene Hackman (Eugene Claire), Camilla Sparv (Carole Stahl), Karl Michael Vogler (Machet), Jim McMullan (Creech), Christian Doermer (Brumm), Kathleen Crowley (amerikanische Zeitungsreporterin), Dabney Coleman (Mayo), Timothy Kirk (D. K.), Oren Stevens (Kipsmith), Jerry Dexter (Engel), Walter Stroud (Davids Vater), Carole Carle (Lena), Rip McManus (Devore), Joe Jay Jalbert (Tommy), Tom J. Kirk (Stiles), Robin Hutton-Potts (Gabriel), Heini Schuler (Meier), Peter Rohr (Boyriven), Arnold Alpiger (Hinsch), Eddie Waldburger (Haas), Marco Walli (Istel).

Tell Them Willie Boy Is Here (›Blutige Spur‹)
1969 (USA)
Länge: 98 Min.
Regie: Abraham Polonsky
Produktion: Philip A. Waxman, Jennings Lang, Universal Pictures
Drehbuch: Abraham Polonsky; nach dem Roman »Willie Boy« von Harry Lawton

Kamera: Conrad Hall, A. S. C. (Panavision und Technicolor)
Musik: Dave Grusin
Darsteller: Robert Redford (Cooper), Katharine Ross (Lola), Robert Blake (Willie), Susan Clark (Liz), Barry Sullivan (Calvert), John Vernon (Hacker), Charles Aidman (Benby), Charles McGraw (Wilson), Shelly Novack (Finney), Robert Lipton (Newcombe), Lloyd Gough (Dexter), Ned Romero (Tom), John Wheeler (Newman), Eric Holland (Digger), Garry Walbert (Dr. Mills), Jerry Velasco (Chino), George Tyne (Le Marie), Lee De Broux (Meathead), Wayne Sutherlin (Harry), Jerome Raphel, Lou Frizzell.

Little Fauss And Big Halsy (›Little Fauss und Big Halsy‹, ›Stromer der Landstraße‹)
1970 (USA)
Länge: 99 Min.
Regie: Sidney J. Furie
Produktion: Albert J. Ruddy, Paramount
Drehbuch: Charles Eastman
Kamera: Ralph Woolsey, A. S. C. (Panavision und Movielab Color)
Lieder: »Rollin' Free«, »The Little Man« von Johnny Cash, »Ballad of Little Fauss and Big Halsy«, »7:06 Union«, »True Love Is Greater Than Friendship«, »Movin'« von Carl Perkins, »Wanted Man« von Bob Dylan; gesungen von Johnny Cash mit Carl Perkins und The Tennessee Three.
Darsteller: Robert Redford (Halsy Knox), Michael J. Pollard (Little Fauss), Lauren Hutton (Rita Nebraska), Noah Beery (Seally Fauss), Lucille Benson (Mom Fauss), Linda Gaye Scott (Moneth), Ray Ballard (Photograph), Shara St. John (Marcy), Erin O'Reilly (Sylvene McFall), Ben Archibek (Rick Nifty).

The Hot Rock (›Vier schräge Vögel‹, ›Zwei dufte Typen‹)
1972 (USA)
Länge: 101 Min.
Regie: Peter Yates
Produktion: Hal Lander, Bobby Roberts, 20th Century Fox
Drehbuch: William Goldman; nach dem Roman von Donald E. Westlake
Kamera: Ed Brown (Panavision und DeLuxe Color)

Musik: Quincy Jones

Darsteller: Robert Redford (Dortmunder), George Segal (Kelp), Ron Leibman (Murch), Paul Sand (Alan Greenberg), Zero Mostel (Abe Greenberg), Moses Gunn (Dr. Amusa), William Redfield (Lt. Hoover), Topo Swope (Sis), Charlotte Rae (Ma Murch), Graham P. Jarvis (Warden), Harry Bellaver (Roll the Bartender), Seth Allen (Happy Hippy), Robert Levine (Polizist), Lee Wallace (Dr. Strauss), Robert Weil (Albert), Lynne Gordon (Miasmo), Grania O'Malley (Bird Lady), Fred Cook (Otto), Mark Dawson, Gilbert Lewis, George Bartenieff, Ed Bernard, Charles White, Christopher Guest.

The Candidate (›Der Kandidat‹)

1972 (USA)

Länge: 110 Min.

Regie: Michael Ritchie

Produktion: Walter Coblenz, Wildwood-Ritchie Productions, Warner Bros.

Drehbuch: Jeremy Larner

Kamera: V. J. Kemper, A. S. C., John Korty (Technicolor)

Musik: John Rubinstein; Lieder »A Better Way« und »Just A Friend« von John Rubinstein und David Colloff

Darsteller: Robert Redford (Bill McKay), Peter Boyle (Lucas), Don Porter (Jarmon), Karen Carlson (Nancy McKay), Melvyn Douglas (John J. McKay), Quinn Redeker (Rich Jenkins), Michael Lerner (Paul Corliss), Allen Garfield (Howard Klein), Morgan Upton (Henderson), Kenneth Tobey (Starkey), Chris Prey (David), Joe Miksak (Neil Atkinson), Jenny Sullivan (Lynn), Tom Dahlgren (Pilot), Gerald Hiken (Station Master), Leslie Allen (Mabel), Susan Demott (Groupie), Jason Goodrow, Robert De Anda, Robert Goldsby, Michael Barnicle, Lois Foraker, David Moody, George Meyer, Dudley Knight; als sie selbst: Natalie Wood, Barry Sullivan, Senator Hubert H. Humphrey, Senator George McGovern, Senator John V. Tunney, Mayor Sam Yorty, Howard K. Smith, van Amberg, Jesse Bimbaum, Senator Alan Cranston, Maury Green, Lu Hurley, Assemblyman Walter Karabien, Assemblyman Robert Moretti, Rollin Post, Bill Stout, Dick Whittington, Richard Berholtz, Assemblyman Ken Gory, Judy Fayard, Cedrick Hardman, Senator Fred Harris, Ken Hones, Grover Lewis, Terry McGovern, Harvey Orkin, Congressman Jerry Waldie, Jesse M. Unruh.

Jeremiah Johnson (›Jeremiah Johnson‹)
1972 (USA)
Länge: 108 Min.
Regie: Sydney Pollack
Produktion: Joe Wizan, Warner Brothers
Drehbuch: John Milius und Edward Anhalt; nach dem Roman »Mountain Man« von Vardis Fisher und der Story »Crow Killer« von Raymond W. Thorp und Robert Bunker
Kamera: Duke Callaghan (Panavision und Technicolor)
Musik: John Rubinstein und Tim McIntire
Darsteller: Robert Redford (Jeremiah Johnson), Will Geer (Bear Claw), Stefan Gierasch (Del Gue), Allyn Ann McLerie (Crazy Woman), Charles Tyner (Robidoux), Delle Bolton (Swan), Josh Albee (Caleb), Joaquin Martinez (Paints His Shirt Red), Paul Benedict (Reverend), Matt Clark (Qualen), Richard Angarola (Lebeaux), Jack Colvin (Lieut. Mulvey).

The Way We Were (›Cherie Bitter‹, ›So wie wir waren‹)
1973 (USA)
Länge: 118 Min.
Regie: Sydney Pollack
Produktion: Ray Stark, Rastar Productions, Columbia
Drehbuch: Arthur Laurents; nach seinem Roman
Kamera: Harry Stradling Jr., A. S. C. (Panavision und Farbe)
Musik: Marvin Hamlisch; Lied »The Way We Were« von Marvin Hamlisch, Marilyn und Alan Bergman, gesungen von Barbra Streisand.
Darsteller: Barbra Streisand (Katie Morosky), Robert Redford (Hubbell Gardiner), Bradford Dillman (J. J.), Lois Chiles (Carol Ann), Patrick O'Neal (George Bissinger), Viveca Lindfors (Paula Reisner), Allyn Ann McLerie (Rhea Edwards), Murray Hamilton (Brooks Carpenter), Herb Edelman (Bill Verso), Diana Ewing (Vicki Bissinger), Sally Kirkland (Pony Dunbar), Marcia Mae Jones (Peggy Vanderbilt), Don Keefer, George Gaynes, Eric Boles, Barbara Peterson, Roy Jensen, Brendan Kelly, James Woods, Connie Forslund, Robert Gerringer, Susie Blakely, Ed Power, Suzanne Zenor, Dan Seymour.

The Sting (›Der Clou‹)
1973 (USA)
Länge: 129 Min.
Regie: George Roy Hill
Produktion: Tony Bill, Michael und Julia Phillips, Richard A.
Zanuck und David Brown, Bill/Phillips Productions, Universal
Drehbuch: David S. Ward
Kamera: Robert Surtees, A. S. C. (Technicolor)
Musik: Marvin Hamlisch, Scott Joplin
Darsteller: Paul Newman (Henry Gondorff), Robert Redford
(Johnny Hocker), Robert Shaw (Doyle Lonnegan), Charles
Durning (Lt. William Snyder), Ray Walston (J. J. Singleton),
Sally Kirkland (Crystal), Eileen Brennan (Billie), Robert Earl
Jones (Luther Coleman), Harold Gould (Kid Twist), John Hef-
fernan (Eddie Niles), Dana Elcar (F. B.I.-Agent Polk), Jack
Kehoe (Erie Kid), Dimitra Arliss (Loretta), Avon Long (Benny
Garfield), James J. Sloyan (Mottola), Charles Dierkop (Floyd),
Arch Johnson (Combs), Lee Paul (Leibwächter), Ed Bakey
(Granger), Brad Sullivan (Cole), John Quade (Riley), Larry D.
Mann, Leonard Barr, Paulene Myers, Joe Tornatore, Jack Col-
lins, Tom Spratley, Ken O'Brien, Ken Sansom, Ta-Tanisha,
William Benedict.

The Great Gatsby (›Der große Gatsby‹)
1974 (USA)
Länge: 146 Min.
Regie: Jack Clayton
Produktion: David Merrick, Paramount
Drehbuch: Francis Ford Coppola; nach dem Roman von F.
Scott Fitzgerald
Kamera: Douglas Slocombe (Panavision und Farbe)
Musik: Nelson Riddle; »What'll I Do« von Irving Berlin, »The
Sheik of Araby« von H. B. Smith, F. Wheeler und T. Snyder,
»Five Foot Two, Eyes of Blue« von S. Lewis, J. Young und R.
Henderson, »Who?« von O. Harbach, Oscar Hammerstein II
und Jerome Kern, »I'm Gonna Charleston Back To Charleston«
von R. Turk und L. Handman, »Yes, Sir, That's My Baby« von
G. Kahn und W. Donaldson, »Whispering« von J. Schonberger,
R. Coburn und V. Rose, »Charleston« von C. Mack und J.
Johnson, »It Had To Be You« von G. Kahn und T. Jones,

»When You and I Were Seventeen« von G. Kahn und C. Rosoff, »Alice Blue Gown« von J. McCarthy und H. Tierney, »Kitten on the Keys« von Z. Confrey, »Beale Street Blues« von W. C. Handy

Darsteller: Robert Redford (Jay Gatsby), Mia Farrow (Daisy Buchanan), Bruce Dern (Tom Buchanan), Karen Black (Myrtle Wilson), Scott Wilson (George Wilson), Sam Waterston (Nick Carraway), Lois Chiles (Jordan Baker), Howard DaSilva (Meyer Wolfsheim), Roberts Blossom (Mr. Gatz), Edward Herrmann (Klipspringer), Elliot Sullivan (Wilsons Freund), Arthur Hughes (Dog Vendor), Kathryn Leigh Scott (Catherine), Beth Porter (Mrs. McKee), Paul Tamarin (Mr. McKee), John Devlin (Gatsbys Leibwächter), Patsy Kensit (Pamela Buchanan), Marjorie Wildes, Jerry Mayer, Bob Sherman, Norman Chauncer, Regina Baff, Janet Arters, Louise Arters, Oliver Clark, Vincent Schiavelli, Sammy Smith, Tom Ewell.

The Great Waldo Pepper (›Tollkühne Flieger‹)
1975 (USA)
Länge: 107 Min.
Regie: George Roy Hill
Produktion: George Roy Hill, Jennings Lang, Universal
Drehbuch: William Goldman; Story von George Roy Hill
Kamera: Robert Surtees, A. S. C. (Technicolor und Todd AO 35)
Musik: Henry Mancini
Darsteller: Robert Redford (Waldo Pepper), Bo Svenson (Axel Olsson), Bo Brundin (Ernst Kessler), Susan Sarandon (Mary Beth), Geoffrey Lewis (Newt), Edward Herrmann (Ezra Stiles), Philip Bruns (Dillhoefer), Roderick Cook (Werfel), Kelly Jean Peters (Patsy), Margot Kidder (Maude).

The Three Days Of The Condor (›Die drei Tage des Kondor‹)
1975 (USA)
Länge 118 Min.
Regie: Sydney Pollack
Produktion: Stanley Schneider, Wildwood Enterprise Coproduction, Paramount
Drehbuch: Lorenzo Semple Jr. und David Rayfiel; nach dem Roman »Six Days of the Condor« von James Grady

Kamera: Owen Roizman (Technicolor und Panavision)
Musik: Dave Grusin
Darsteller: Robert Redford (Joe Turner), Faye Dunaway (Kathy Hale), Cliff Robertson (Higgins), Max von Sydow (Joubert), John Houseman (Mr. Wabash), Addison Powell (Atwood), Walter McGinn (Barber), Tina Chen (Janice), Michael Kane (Wicks), Don McHenry (Dr. Lappe), Michael Miller (Fowler), Jess Osuna (Mitchell), Dino Narizzano (Thomas), Helen Stenborg (Mrs. Russell), Patrick Gorman (Martin), Hansford Rowe Jr. (Jennings), Carlin Glynn (Mae Barber), Hank Garrett, Arthur French, Jay Devlin, Frank Savino, Robert Phalen, John Randolph Jones, Garrison Phillips, Lee Steele, Ed Crowley, John Connell, Norman Bush.

All The President's Men (›Die Unbestechlichen‹)
1976 (USA)
Länge: 140 Min.
Regie: Alan J. Pakula
Produktion: Walter Coblenz, Robert Redford und Alan J. Pakula, Wildwood Enterprises, Warner Brothers
Drehbuch: William Goldman; nach dem Buch von Carl Bernstein und Bob Woodward
Kamera: Gordon Willis, A. S. C. (Technicolor)
Musik: David Shire
Darsteller: Dustin Hoffman (Carl Bernstein), Robert Redford (Bob Woodward), Jack Warden (Harry Rosenfeld), Martin Balsam (Howard Simons), Hal Holbrook (Deep Throat), Jason Robards (Ben Bradlee), Jane Alexander (Buchhalterin), Meredith Baxter (Debbie Sloan), Ned Beatty (Dardis), Stephen Collins (Hugh Sloan), Penny Fuller (Sally Aiken), John McMartin (Auslandsredakteur), Robert Walden (Donald Segretti), Frank Wills (Frank Wills), F. Murray Abraham (Offizier), David Arkin (Bachinski), Henry Calvert (Barker), Dominic Chianese (Martinez), Bryan E. Clark (Anwalt), Nicholas Coster (Markham), Lindsay Ann Crouse (Kay Eddy), Valerie Curtin (Miss Milland), Gene Dynarski (Gerichtsdiener), Nate Esformes (Gonzales), Ron Hale (Sturgis), Richard Herd (McCord), Polly Holiday (Dardis Sekretärin), James Karen (Hugh Sloans Anwalt), Paul Lambert (Redakteur), Frank Latimore (Richter), Gene Lindsey (Baldwin), Anthony Mannino (Offizier), Allyn

Ann McLerie (Carolyn Abbott), James Murtaugh, John O'Leary, Jess Osuna, Neva Patterson, George Pentecost, Penny Peyser, Joshua Shelley, Sloane Shelton, Lelan Smith, Jaye Stewart, Ralph Williams.

A Bridge Too Far (›Die Brücke von Arnheim‹)
1977 (England/USA)
Länge: 175 Min.
Regie: Richard Attenborough
Produktion: Joseph E. Levine und Richard P. Levine, United Artists
Drehbuch: William Goldman; nach dem Buch von Cornelius Ryan
Kamera: Geoffrey Unsworth (Technicolor und Panavision)
Musik: John Addison
Darsteller: Dirk Bogarde (General Browning), James Caan (Sgt. Dohun), Michael Caine (Lt. Colonel »Joe« Vandeleur), Sean Connery (Generalmajor Robert Urquhart), Edward Fox (Generalleutnant Brian Horrocks), Elliot Gould (Colonel Bobby Stout), Gene Hackman (Major General Stanislaw Sosabowski), Anthony Hopkins (Colonel John Frost), Hardy Krüger (General Ludwig), Laurence Olivier (Doktor Spaander), Ryan O'Neal (Major General James M. Gavin), Robert Redford (Major Julian Cook), Maximilian Schell (General Bittrich), Liv Ullman (Kati ter Horst), Arthur Hill (U. S. Medical Colonel).

The Electric Horseman (›Der elektrische Reiter‹)
1979 (USA)
Länge: 121 Min.
Regie: Sydney Pollack
Produktion: Ray Stark – Wildwood, Columbia Pictures und Universal Pictures, CIC
Drehbuch: Robert Garland; Story von Paul Gaer und Robert Garland nach einer Story von Shelly Burton
Kamera: Owen Roizman, A. S. C. (Panavision und Technicolor)
Musik: Dave Grusin; Lieder gesungen von Willie Nelson
Darsteller: Robert Redford (Sonny Steele), Jane Fonda (Hallie Martin), John Saxon (Sears), Willie Nelson (Wendell), Nicolas Coster (Fitzgerald), Timothy Scott (Leroy), James B. Sikking (Dietrich), Basil Hoffmann (Toland).

Brubaker (›Brubaker‹)
1980 (USA)   Länge: 130 Min.   Regie: Stuart Rosenberg
Produktion: Ron Silverman, 20th Century Fox
Drehbuch: W. D. Richter und Arthur Ross; nach einem Buch
von Thomas O. Murton und Joe Hyams
Kamera: Bruno Nuytten (Farbe)
Musik: Lalo Schifrin
Darsteller: Robert Redford (Henry Brubaker), Jane Alexander
(Lillian), David Keith (Larry Lee Bullen), Matt Clark (Purcell),
Richard Ward (Abraham Cooke), M. Emmet Walsh (C. P.
Woodward), Yaphet Kotto (Dickie Coombes), Murray Hamil-
ton (Deach), Morgan Freeman (Walter), Tim McIntire (Huey
Rauch), John van Ness (Zaranska), Albert Salmi (Rory Poke),
Linda Haynes (Carol).

Ordinary People (›Eine ganz normale Familie‹)
1980 (USA)   Länge: 124 Min.   Regie: Robert Redford
Produktion: Ronald L. Schwary, Paramount, CIC
Drehbuch: Alvin Sargent; nach einem Roman von Judith Guest
Kamera: John Bailey
Musik: Marvin Hamlisch
Darsteller: Donald Sutherland (Calvin Jarrett), Mary Tyler
Moore (Beth Jarrett), Judd Hirsch (Dr. Berger), Timothy Hut-
ton (Conrad Jarrett), M. Emmet Walsh (Schwimmtrainer),
Elizabeth McGovern (Jeannine), Dinah Manoff, Fredric Leh-
ne, James B. Sikking, Quinn Redeker, Mariclare Costello, Meg
Mundy, Richard Whiting, Scott Doebler, Carl di Tomasso.

The Natural (›Der Unbeugsame‹)
1984 (USA)   Länge: 122 Min.   Regie: Barry Levinson
Produktion: Mark Johnson
Drehbuch: Roger Towne und Phil Dusenberry; nach dem gleich-
namigen Roman von Bernard Malamud
Kamera: Caleb Deschanel
Musik: Randy Newman
Darsteller: Robert Redford (Roy Hobbs), Barbara Hershey
(Harriet Bird), Kim Basinger (Memo Paris), Glenn Close (Iris
Raines), Robert Duvall, Wilford Brimley, Robert Prosky,
Richard Farnsworth.

Out of Africa (›Jenseits von Afrika‹)
1986 (USA) Länge: 161 Min. Regie: Sydney Pollack
Produktion: Sydney Pollack
Drehbuch: Kurt Luedtke; nach den Büchern ›Out of Africa‹ von Isak Dinesen, ›The Life of a Story Tell‹ von Judith Thurmann und ›Silence will Speak‹ von Erol Trzebinski
Kamera: David Watkin
Musik: John Barry
Darsteller: Meryl Streep (Karen Blixen), Robert Redford (Denys Finch Hatton), Klaus-Maria Brandauer (Baron Bor Blixen), Michael Kitchen (Berkley Cole).

Legal Eagles (›Staatsanwälte küßt man nicht‹)
1986 (USA) Länge: 114 Min. Regie: Ivan Reitman
Produktion: Ivan Reitman
Drehbuch: Jim Cash, Jack Epps Jr.
Kamera: Laszlo Kovacs
Musik: Elmer Bernstein
Darsteller: Robert Redford (Tom Logan), Debra Winger (Laura Kelly), Daryl Hannah (Chelsea Beardon), Brian Dennehy (Cavanaugh), Terence Stamp (Victor Taft).

Havanna (›Havana‹)
1991 (USA)
Länge: 145 Min.
Regie: Sydney Pollack
Produktion: Sydney Pollack, Richard Roth
Drehbuch: Judith Rascoe, David Rayfiel; nach der gleichnamigen Story von Judith Rascoe
Kamera: Owen Roizman, Richard Bowen
Musik: Dave Grusin
Darsteller: Robert Redford (Jack Weil), Lena Olin (Bobby Duran), Alan Arkin (Joe Volpi), Tomas Milian (Menocal), Raul Julia (Arturo Duran), Daniel Davis (Marion Chigwell), Tony Plana (Julio Ramos), Richard Farnsworth (Professor), Mark Rydell (Meyer Lansky).

Incident at Oglala (›Incident at Oglala‹)
1992 (USA)
Länge: 94 Min.

Regie: Michael Apted
Produktion: Arthur Chobanian
Drehbuch: Michael Apted
Kamera: Maryse Alberti
Musik: Jackson Browne
Darsteller. Robert Redford (Sprecher).

A River Runs Through It (›Aus der Mitte entspringt ein Fluß‹)
1992 (USA)
Länge: 124 Min.
Regie: Robert Redford
Produktion: Robert Redford, Patrick Markey
Drehbuch: Richard Friedenberg; nach einer Story von Norman MacLean
Kamera: Philippe Rousseiot
Musik: Mark Isham
Darsteller: Craig Sheffer (Norman MacLean), Brad Pitt (Paul MacLean), Emily Lloyd (Jessie Burns), Edie McClurg (Mrs. Burns), Steven Shallen (Neal Burns).

Indecent Proposal (›Ein unmoralisches Angebot‹)
1993 (USA)
Länge: 117 Min.
Regie: Adrian Lyne
Produktion: Sherry Lansing
Drehbuch: Amy Holden Jones; nach dem Roman von Jack Engelhard
Kamera: Howard Atherton
Musik: John Barry
Darsteller: Robert Redford (John Gage), Demi Moore (Diana Murphy), Woody Harrison (David Murphy), Seymor Cassel (Mr. Shakelford), Oliver Platt (Jeremy).

Quiz Show (›Quiz Show‹)
1994 (USA)
Länge: 130 Min.
Regie: Robert Redford
Produktion: Robert Redford
Drehbuch: Paul Attanasio; nach dem Roman »Remembering America – A Voice from the Sixties« von Richard N. Goodwis
Kamera: Michael Ballhaus

Musik: Mark Isham
Darsteller: Ralph Fiennes (Charles Van Doren), John Turturro (Herbie Stempel), Rob Morrow (Dick Goodwin), David Paymer (Dan Enright), Paul Scofield (Mark Van Doren), Hank Azaria (Albert Freedman), Christopher McDonald (Jack Berry).

Up Close and Personal (›Aus nächster Nähe‹)
1996 (USA)
Länge: 124 Min.
Regie: Jon Avnet
Produktion: Jon Avnet
Drehbuch: Joan Didion, John Gregory Dunne, Alanna Nash
Kamera: Karl Walter Lindenlaub
Musik: Thomas Newman, Dianne Warren (Song)
Darsteller: Robert Redford (Warren Justice), Michelle Pfeiffer (Tally Atwater), Stockard Channing (Marcia McGrath), Joe Mantegna (Bucky Terranova), Kate Nelligan (Joanna Kennelly), Glenn Plummer (Ned), James Rebhorn (John Merino), Scott Bryce (Rob Sullivan), Raymond Cruz (Fernando Butlanda), Dedee Pfeiffer (Luanne Atwater), Miguel Sandoval (Dan Duarte).

The Horse Whisperer (›Der Pferdeflüsterer‹)
1998 (USA)
Länge: 164 Min.
Regie: Robert Redford
Produktion: Robert Redford, Patrick Markey
Drehbuch: Eric Roth, Richard LaGravenese; nach dem gleichnamigen Roman von Nicholas Evans
Kamera: Robert Richardson
Musik: Thomas Newman
Darsteller: Robert Redford (Tom Booker), Kristin Scott Thomas (Annie MacLean), Sam Neill (Robert MacLean), Dianne Wiest (Diane Booker), Scarlett Johansson (Grace MacLean), Chris Cooper (Frank Booker), Cherry Jones (Liz Hammond), Ty Hillman (Joe Booker).

Register